Joachim von Loeben

30 Minuten

Sabbatical

Bibliografische Information der Deutschen Nationalbibliothek

Die Deutsche Nationalbibliothek verzeichnet diese Publikation in der Deutschen Nationalbibliografie; detaillierte bibliografische Daten sind im Internet über http://dnb.d-nb.de abrufbar.

Umschlaggestaltung: die imprimatur, Hainburg
Umschlagkonzept: Martin Zech Design, Bremen
Lektorat: Eva Gößwein, Goldbach
Satz: Zerosoft, Timisoara (Rumänien)
Druck und Verarbeitung: Salzland Druck, Staßfurt

Hinweis:
Das Buch ist sorgfältig erarbeitet worden. Dennoch erfolgen alle Angaben ohne Gewähr. Weder der Autor noch der Verlag können für eventuelle Nachteile oder Schäden, die aus den im Buch gemachten Hinweisen resultieren, eine Haftung übernehmen.

Printed in Germany

ISBN 978-3-86936-686-9

In 30 Minuten wissen Sie mehr!

Dieses Buch ist so konzipiert, dass Sie in kurzer Zeit prägnante und fundierte Informationen aufnehmen können. Mithilfe eines Leitsystems werden Sie durch das Buch geführt. Es erlaubt Ihnen, innerhalb Ihres persönlichen Zeitkontingents (von 10 bis 30 Minuten) das Wesentliche zu erfassen.

Kurze Lesezeit

In 30 Minuten können Sie das ganze Buch lesen. Wenn Sie weniger Zeit haben, lesen Sie gezielt nur die Stellen, die für Sie wichtige Informationen beinhalten.

- Alle wichtigen Informationen sind blau gedruckt.

- Schlüsselfragen mit Seitenverweisen zu Beginn eines jeden Kapitels erlauben eine schnelle Orientierung: Sie blättern direkt auf die Seite, die Ihre Wissenslücke schließt.

- *Zahlreiche Zusammenfassungen innerhalb der Kapitel erlauben das schnelle Querlesen.*

- Ein Fast Reader am Ende des Buches fasst alle wichtigen Aspekte zusammen.

- Ein Register erleichtert das Nachschlagen.

Inhalt

Vorwort

Dieses Buch soll Ihnen Mut machen, Ihre Wünsche und Träume wahr werden zu lassen. Hören Sie auf Ihre innere Stimme – was möchte sie Ihnen sagen? Warum versuchen Sie, sie zu ignorieren?

Machen Sie bitte nicht den gleichen Fehler wie ich. Für mich zählten jahrelang nur Geld und Karriere, dem ordnete ich mein Leben unter. Ich musste jedoch feststellen, dass Arbeit im Leben nicht alles ist. Ich funktionierte auf diese Weise nur noch, statt selbstbestimmt zu handeln. Ich befand mich im viel beschriebenen Hamsterrad!

Nur wer erfolgreich ist, zählt etwas in unserer Gesellschaft, und Erfolg wird häufig mit viel Arbeit und einem großen Bankkonto gleichgesetzt. Von solchen Leitsätzen habe ich mich tragen lassen.

Doch dann kam eine Lebensphase, in der ich demotiviert war. Ich hatte Schwierigkeiten, mich auf mein Projekt zu fokussieren, musste aber eine MBA-Abschlussarbeit neben meiner Vollzeitarbeit fertig schreiben. Ich schwor mir, sollte ich die Arbeit jemals abgeben und mein Abschlusszertifikat in den Händen halten, würde ich danach ein Jahr lang etwas nur für mich machen. Dieser Schwur sollte mir als Motivationsbrücke helfen und mich wieder an die Arbeit bringen. Es klappte!

Zwei Wochen nachdem ich feierlich mein MBA-Zertifikat entgegengenommen hatte, saß ich auf dem Sattel

meines Motorrades, um ein Jahr lang Afrika zu durchqueren.
Mit diesem Buch möchte ich Ihre letzten Zweifel ausräumen und Sie aus Ihrem „inneren Gefängnis“ herausholen. Sie brauchen Kraft und Mut, um aktiv eine Auszeit anzugehen. Gerne helfe ich Ihnen dabei.
Bitte schicken Sie mir eine Nachricht (www.joachimvonloeben.de), wenn Sie sich entschieden haben, sich eine Auszeit zu nehmen. Es gibt nichts Schöneres, als zu hören, dass sich Menschen ihre Träume oder Wünsche erfüllen wollen.
Das Buch hilft auch jenen, die sich schon längst innerlich entschieden haben. Sie werden hier noch den ein oder anderen Tipp oder Hinweis finden.
Schließlich zeige ich am Ende auf, dass auch Unternehmen von einem Sabbatical bzw. einem Sabbaticalprogramm profitieren können.

Ich wünsche Ihnen viele erlebnisreiche Auszeiten in Ihrem Leben!

Ihr
Joachim von Loeben

30 MINUTEN

1. Wofür eine Auszeit?

„Und jedem Anfang wohnt ein Zauber inne"
Hermann Hesse

Ganz am Anfang sollten Sie sich die Frage stellen, wofür Sie eine Auszeit wollen. Es gibt die verschiedensten Motive, warum ein Mensch eine Auszeit nimmt. Was soll die Auszeit bei Ihnen bewirken? Was soll der „Gewinn" der Auszeit sein? Was passiert nach der Auszeit? Haben Sie einmal die Grundentscheidung getroffen, sollten Sie sich bewusst machen, was Sie in Ihrer Auszeit eigentlich genau tun wollen.

1.1 Innere und äußere Widerstände

Am Anfang eines Sabbatical-Prozesses steht die Auseinandersetzung mit den inneren Stimmen – einige Menschen schaffen es dabei nicht, die Entscheidung für die Auszeit vor sich selbst zu rechtfertigen. Es kommen Fragen hoch: „Kann ich das meiner Familie antun?", „Schadet es meiner Karriere?", „Kann ich das nicht auch noch später machen?", oder: „Ist das wirklich der richtige Zeitpunkt?".

Letztlich sind das alles Alibis, um der Entscheidung auszuweichen. Wenn die inneren Stimmen zu stark sind, dann scheitert das Auszeitvorhaben! Deshalb sollte man sich Klarheit darüber verschaffen, ob es wirklich die eigenen Stimmen sind, die einen zurückhalten, oder vielmehr eine Prägung oder das soziale Umfeld. Häufig sind die externen Einflüsse stärker, als man denkt.

Als ich meine erste Auszeit beantragte, hatte ich denkbar schlechte Voraussetzungen. Der Gegenwind durch Freunde und Familie war sehr stark. Ich war mit Aussagen wie dieser konfrontiert: „Aus Afrika kommst du nicht mehr lebend zurück!" Ich fühlte mich mit meiner eigenen Entscheidung nicht zu 100 Prozent sicher. Aber ich hatte Glück: Meine damalige Personalchefin stellte mir keine der Fragen, die meine Entscheidung leicht zu Fall hätten bringen können. Stattdessen fand sie mein Ansinnen gut, und so bekam ich meine Auszeit. Doch erst acht Wochen nach Reisebeginn in Äthiopien war es so weit, dass ich wirklich voll und ganz hinter meiner Entscheidung stehen konnte. So lange hatte es gedauert, bis ich meine eigenen inneren Widersacher besiegt hatte.

Das soll Ihnen Mut machen, in die Auszeit zu gehen, auch wenn noch nicht alle Zweifel ausgeräumt sind. Tun Sie es einfach! Es wird immer Restzweifel geben, und es wäre schade, wenn Sie Ihre (vielleicht einmalige) Chance selbst verspielen. Es wird nie den perfekten Zeitpunkt geben!

Tipp!
Nehmen Sie sich mal ein paar ruhige Stunden oder besser noch einen Tag oder ein Wochenende Zeit und verschaffen Sie sich selbst Klarheit über Ihr Sabbatical. Stehen Sie danach zu Ihrer Entscheidung!
Dazu empfehle ich Ihnen, sich gezielt Unterstützer zu suchen, am besten gleich ein ganzes Team, das Ihr Vorhaben mitträgt. Je mehr Unterstützer Sie haben, desto besser fühlen Sie sich. Die Unterstützer sollen Sie inspirieren und motivieren, Ihr Vorhaben durchzuführen. Sie werden schnell feststellen, wer Ihre Idee gut findet und Ihr Vorhaben mit vorantreibt.
Meiden Sie nach Möglichkeit Menschen, die Ihr Vorhaben zerreden. Dadurch wird Ihre Entscheidung immer wieder auf die Probe gestellt und Sie werden innerlich hin- und hergerissen sein. Es besteht sogar die Gefahr, dass Sie Ihre ursprüngliche Entscheidung wieder revidieren.

Erst wenn Ihre Entscheidung eine gewisse Entscheidungsstabilität besitzt und Sie genügend Selbstbewusstsein entwickelt und Argumente gesammelt haben, gehen Sie zu Ihrem Chef und fragen nach einer Auszeit. Die Erfolgsaussichten für Ihren Auszeitantrag sind dann viel höher! Hadern Sie dagegen selbst noch mit Ihrem Vorhaben, wird Ihr Chef möglicherweise versuchen, Sie von Ihrer Entscheidung abzubringen.

Sie werden Ihr Vorhaben vor anderen, aber auch vor sich selbst rechtfertigen müssen. Schreiben Sie Ihre Argumente auf und stellen Sie dann den Antrag.

1.2 Motive

Bevor Sie Ihr Sabbatical antreten, sollten Sie sich über Ihre Motive im Klaren sein. Meine Erfahrung zeigt, dass sich Menschen, die sich eine Auszeit nehmen, anhand ihrer Motive im Wesentlichen in vier Gruppen einteilen lassen:

Motivgruppe 1: Die Gelangweilten

Die Gelangweilten fühlen sich im Job unterfordert oder machen tagein, tagaus nur eintönige Arbeiten. Es sind diejenigen, die quasi an einem Bore-out-Syndrom (unerträglicher Langeweile) leiden.
Diese Menschen suchen nach Extremen. Sie sind geneigt, beispielsweise eine Abenteuerreise zu unternehmen oder sich auf ein sportliches Großereignis, etwa

einen Marathon oder Triathlon, vorzubereiten. Sie suchen bewusst die Aufregung und den Adrenalinkick, um etwas anderes zu erleben als ihren faden Arbeitsalltag. Sie möchten etwas Außergewöhnliches leisten, um nach der erbrachten Leistung voller Stolz zurückblicken zu können.

Motivgruppe 2: Die Gestressten

Die Gestressten fühlen sich vom beruflichen oder vom privaten Alltag gestresst. Ihnen wird die Arbeit bzw. der Alltag einfach zu viel. Sie fühlen sich teilweise überfordert. Es handelt sich um die Menschen, die auf einen Herzinfarkt oder Schlaganfall zusteuern, wenn sie nicht ihr Leben ändern.

Diese Menschen suchen Ruhe. Ihre oberste Priorität ist es, ihr Leben zu entschleunigen. Sie möchten zur Ruhe kommen, Gelassenheit entwickeln und dabei neue Kraft tanken für neue Aufgaben. Häufig entscheiden sie sich deshalb für eine erholsame Variante der Auszeit. Sie unternehmen beispielsweise längere Reisen, praktizieren Yoga, meditieren, machen Ayurveda-Kuren, pilgern oder machen lange Wanderungen, um gut abschalten zu können.

Für Menschen, die an einem Burn-out leiden, ist es empfehlenswert, erst mal eine reine Erholungsphase in der Heimat einzulegen. Sie sollten zunächst ausschlafen und leichten Sport treiben, bevor sie auf eine große Reise gehen oder andere Aktivitäten entfalten. Denn die Vorbereitung für die Auszeit ist ebenfalls eine Form von Stress und würde Körper und Geist weiter fordern.

Ein Burn-out-Betroffener muss sich erst einmal von den Erschöpfungszuständen regenerieren, bevor er zu neuen Taten aufbrechen kann. Im Falle eines Burn-outs ist es ohnehin ratsam, zunächst in ärztlicher Behandlung zu bleiben.

Motivgruppe 3: Die Sozialen

Viele Menschen haben in ihrem normalen Arbeitsalltag keine Möglichkeit, sich sozial zu engagieren. Ihnen reicht die jährliche Spende an eine karitative Einrichtung nicht mehr aus. Sie möchten selbst aktiv werden, Hand anlegen und ein soziales Projekt unterstützen. Häufig ist der Einsatz mit einem Aufenthalt bei einem Hilfsprojekt im Ausland verbunden.
Bei einem Social Sabbatical bringt man u. a. auch seine beruflichen Qualifikationen mit ein. So kann beispielsweise ein Projektmanager auch bei einem Hilfsprojekt im Ausland Prozesse analysieren, beraten, neue Strukturen schaffen und das Projekt schließlich umsetzen. Menschen, die mit ihrer beruflichen Expertise zu einem Projekt fahren, können sich stärker einbringen als diejenigen, die bei berufsfremden Projekten mitarbeiten. Daher werden sie eher gesucht und können von Organisationen leichter vermittelt werden.
Sollte das Projekt erfolgreich verlaufen, bestehen häufig noch Jahre danach gute Beziehungen zum durchgeführten Projekt. Ich habe immer wieder von Klienten erfahren, dass sie noch Jahre später das gleiche Projekt besuchen und es weiter unterstützen.

Für soziale Projekte und das Arbeiten im Ausland empfehle ich folgende Webseiten:

- www.stiftung-fuer-helfer.de
- www.projects-abroad.de
- www.managerfuermenschen.com
- www.ses-bonn.de

Für soziale Projekte im Inland:

- www.bundesfreiwilligendienst.de

Man kann auch direkt beim jeweiligen Projektträger anfragen, z. B. bei:

- www.caritas.de
- www.diakonie.de

Mittlerweile gibt es immer mehr Unternehmen, die ein eigenes Corporate-Social-Responsibility-Projekt im Ausland unterhalten. Für Mitarbeiter dieser Firmen ist es deutlich einfacher, ein Social Sabbatical zu machen.

Motivgruppe 4: Die Sinnsucher

Es gibt Menschen, die sich beruflich oder privat unzufrieden fühlen. Eine Auszeit stellt für sie eine Flucht vor der eigenen Lebenssituation dar. Sie machen ihre Auszeit, um einen Lebenssinn zu finden und so ihre eigene Unzufriedenheit zu überwinden. Häufig tritt dann nach der Auszeit die große Enttäuschung ein, wenn man nicht den erhofften Sinn gefunden hat, und so besteht die Unzufriedenheit weiter.

Mein Rat: Machen Sie sich bewusst, dass Sie Ihre Probleme immer mitnehmen, egal wohin Sie auf der Welt fahren. Wenn Sie eine Reise in der Erwartung unternehmen, nach der Reise sei alles besser und die Probleme wären verschwunden, dann unterliegen Sie einer Täuschung. Besser wäre es, mit einem Coach oder Therapeuten in der Heimat die Ursache für Ihre Unzufriedenheit herauszufinden und gezielt daran zu arbeiten, bevor Sie eine Auszeit antreten. Dann haben Sie mehr von dieser Auszeit und kommen auch nicht enttäuscht zurück.
Wenn Sie nun als Sinnsuchender unterwegs sind, dann machen Sie bitte nicht den Fehler, Ihre Reiseroute so vollzupacken, dass Sie nur von A nach B hetzen – denn sonst machen Sie wieder den gleichen Fehler wie zuvor zu Hause! Sie beschäftigen sich mit so vielen Dingen, dass gar keine Zeit zur Selbstreflexion bleibt. Wie soll man über sich selbst nachdenken, wenn man ständig beschäftigt ist?

Der Blick nach vorne

Sollten Sie nun Ihr persönliches Auszeitmotiv gefunden haben, dann wäre auch schon ein Blick nach vorne sinnvoll. Sie sollten nach der Rückkehr die gewonnenen Erfahrungen und Einsichten im Alltagsleben umsetzen, sonst besteht die Gefahr, schnell wieder in die alten Muster zu verfallen, sodass die positiven Effekte der Auszeit schnell verpuffen. Um Ihre Eindrücke und Erkenntnisse festzuhalten, kann das Führen eines Tagebuchs sehr hilfreich sein.

Finden Sie Ihr Auszeitmotiv heraus: Sind Sie gelangweilt und wünschen sich ein Abenteuer? Oder sind Sie gestresst und suchen nach Ruhe? Wollen Sie sich sozial engagieren oder suchen Sie nach einem Sinn im Leben, um Ihre Unzufriedenheit zu überwinden?

1.3 Gesundheitsvorsorge

Leider sind Burn-out-Erkrankungen und Depressionen in unserer Gesellschaft nach wie vor ein großes Problem. Das müsste nicht sein, doch zu viele Menschen übersehen die körpereigenen Warnsignale. Wenn Sie sich müde und erschöpft fühlen oder unter Unlust, Kopfschmerzen, Schlaflosigkeit etc. leiden, recherchieren Sie bitte einmal im Internet, ob Ihre Symptome schon Anlass zur Sorge geben, oder kontaktieren Sie direkt Ihren Arzt. Die Warnsignale für ein Burn-out werden nämlich häufig übersehen oder ignoriert.

Erfahrungen aus der Praxis

Immer öfter fragen mich Vorgesetzte, wie sie vermeiden können, dass ihre Mitarbeiter ausbrennen. Ich rate ihnen dann, Einfluss darauf zu nehmen und den Mitarbeiter zu einer Auszeit zu bewegen. Dies kann auch im Rahmen eines Bonus- oder Incentive-Programms geschehen. Denn meistens sind es die ehrgeizigen Mitarbeiter, die von Burn-out-Symptomen betroffen sind.

Für die Mitarbeiter wiederum gilt hier der Rat: Lassen Sie es gar nicht erst so weit kommen, dass Ihr Vorgesetzter Ihnen die Auszeit „verschreibt“. Gehen Sie stattdessen eigenständig auf ihn zu. Nun hängt natürlich vieles von der Einstellung Ihres Chefs ab.

Mittlerweile sind immer mehr Unternehmen geneigt, dem Wunsch nach einer Auszeit aufgrund von Erschöpfungszuständen zu entsprechen. Sie haben erkannt, dass es sie im Endeffekt weit mehr kostet, wenn ein Mitarbeiter später längerfristig ausfällt und anschließend rehabilitiert werden muss (darauf besteht ein gesetzlicher Anspruch), als wenn sie rechtzeitig intervenieren.

Tipp!

Sie sollten gegenüber Ihrem Chef nicht sofort von Erschöpfungszuständen sprechen. Machen Sie als Gesprächsaufhänger besser die Erfüllung eines lang gehegten Wunsches zum Thema, der etwa darin bestehen kann, ein Buch zu schreiben oder eine Reise zu machen. Warum sollte er dafür kein Verständnis haben? Wer weiß, vielleicht hegt er insgeheim sogar denselben Traum.

So habe ich es erlebt, als ich mein erstes Sabbatical beantragte: Die Personalchefin hätte selbst sehr gerne eine längere Reise gemacht, war aber in den „Sachzwängen gefangen“.

Falls Ihr Chef daraufhin jedoch keine Einsicht zeigt, wäre es im zweiten Schritt angebracht, die Karten auf den Tisch zu legen, über Ihre Erschöpfungszustände zu sprechen und die Notwendigkeit einer „Atempause“ herauszustreichen.

Ignorieren Sie nicht die Warnsignale, die auf ein Burn-out hindeuten, und beantragen Sie rechtzeitig ein Sabbatical! Immer mehr Unternehmen sind geneigt, in solchen Fällen im Sinne der Gesundheitsvorsorge zu handeln.

1.4 Varianten der Auszeit

Im Folgenden zeige ich Ihnen einige Varianten der Auszeit auf. Diese Aufzählung ist keineswegs vollständig, da es eine Vielzahl an Möglichkeiten gibt, eine Auszeit zu nutzen und zu gestalten. Die Auswahl soll daher eher als Inspiration für Ihre eigenen Überlegungen dienen.

Aus- und Weiterbildung

Häufig bleibt neben den beruflichen und familiären Verpflichtungen nicht ausreichend Zeit, um eine Aus- oder Weiterbildung zu absolvieren. Anspruchsvolle Weiterbildungen „nebenher" zu bewältigen, birgt die Gefahr, dass Frustration entsteht, da man schnell überlastet ist oder ständig andere Dinge vorschiebt und so die Weiterbildung vernachlässigt. Der Abschluss ist dann oft alles andere als ein Erfolg oder die Weiterbildung wird sogar schon vorher abgebrochen.
Im Rahmen einer Auszeit haben Sie dagegen die Chance, sich umfassend aus- oder weiterzubilden. Eine Auszeit zu diesem Zweck zu beantragen, ist sicherlich die einfachste Variante. Mit einer entsprechenden Argu-

mentation lässt sich der Arbeitgeber leicht überzeugen, denn er profitiert ja in der Regel auch von Ihrer Weiterbildung. Nach der Weiterbildung besitzen Sie einen höheren Wissensstand, den Sie im Unternehmen nutzen können.
Sie können im Gespräch mit Ihrem Chef Ihr Ansinnen auch mit der Frage verknüpfen, ob die Chance besteht, nach der Weiterbildung eine neue Position zu bekleiden oder mehr Kompetenzen übertragen zu bekommen. Vielleicht unterstützt Sie Ihr Arbeitgeber sogar finanziell bei Ihrem Weiterbildungsvorhaben. In diesem Zusammenhang werden häufig Arbeitgeberkredite gewährt.

Tipp!
Sollten Sie eine längere Weiterbildung planen, dann versuchen Sie, dazu auch den Ort zu wechseln! Sonst besteht Ablenkungsgefahr und Sie werden in zu viele Alltagsangelegenheiten involviert. Wenn die Kollegen, der Chef oder die Freunde wissen, dass Sie zu Hause sind, werden sie die Gelegenheit nutzen, um Sie abzulenken.

Die Chance, nach einer Weiterbildung befördert zu werden, ist übrigens sehr groß. Ich habe selbst ein MBA-Programm durchlaufen. Meine Studienkollegen wurden allesamt befördert, nur ich nicht – denn zwei Wochen nachdem ich meine Abschlussurkunde erhalten hatte, bin ich in mein erstes Sabbatical gestartet.

Elternzeit und -geld

Elternzeit können alle Arbeitnehmer beantragen, wenn sie Eltern werden, und sie kann bis zum vollendeten dritten Lebensjahr des Kindes andauern. Bedingung ist, dass das Kind von diesem Elternteil erzogen und betreut wird und im gleichen Haushalt lebt.

Während der Elternzeit besitzt man einen besonderen Kündigungsschutz, außer bei Stilllegung des Betriebes und arbeitsrechtlichen Verletzungen. Unter gewissen weiteren Voraussetzungen besteht auch die Möglichkeit einer Verlängerung der Elternzeit.

Während der Elternzeit darf in Teilzeit, also bis zu 30 Stunden wöchentlich, gearbeitet werden. Zudem kann die Elternzeit für eine berufliche Weiterbildung genutzt werden.

Diese Form der Auszeit wird immer öfter beansprucht. Eltern, die nicht selbstständig sind, haben die Möglichkeit, nach der Geburt eines Kindes bis zu 14 Monate Elterngeld zu beziehen. Die Bezugsdauer des Elterngeldes kann durch ElterngeldPlus verdoppelt werden, dann gibt es jedoch pro Monat auch nur die halbe Leistung.

Die Höhe des Elterngeldes richtet sich nach dem Einkommen der letzten zwölf Monate vor Eintritt in die Elternzeit. Sie liegt bei mindestens 300 Euro und maximal 1800 Euro pro Monat. Die Bezugsdauer beträgt 14 Monate. Wenn beide Elternteile zur Verfügung stehen, kann ein Elternteil für zwölf Monate Elterngeld beantragen, während die beiden übrigen Monate dem anderen Elternteil zugesprochen werden.

Durch die Gesetzesänderung vom 1. Juli 2015 ist es künftig möglich, sich 24 Monate Elternzeit im Zeitraum vom 3. bis zum 8. Lebensjahr des Kindes zu nehmen.

Pflegezeit

Arbeitnehmer können eine Freistellung zur Pflege eines Angehörigen beantragen, wenn dieser mindestens die Pflegestufe 1 besitzt. Bedingung ist, dass man mit dem Pflegebedürftigen in häuslicher Gemeinschaft lebt und dass dieser ein naher Angehöriger ist. Dazu zählen Ehepartner, Lebenspartner, Eltern, Großeltern, Kinder, Schwiegereltern, Enkelkinder und Pflege- oder Adoptivkinder. Außerdem muss der Betrieb, in dem man arbeitet, mindestens 15 Beschäftigte haben. Die Pflegezeit ist auf sechs Monate beschränkt und der entsprechende Antrag muss rechtzeitig beim Arbeitgeber gestellt werden. Der Arbeitgeber kann eine Freistellung nur aus dringenden betrieblichen Gründen ablehnen.

Die ersten zehn Tage der Pflegezeit sind eine bezahlte Freistellung. Man kann 90 Prozent des Nettoverdienstausfalls von der Pflegekasse erstattet bekommen.

In der Pflegezeit sind Sie familienversichert. Sofern dies nicht greift, müssen Sie sich selbst krankenversichern. Den Mindestbeitrag der Krankenkasse bekommen Sie von der Pflegeversicherung zurückerstattet, und sofern Sie mindestens 14 Stunden pro Woche pflegen, sind Sie auch rentenversichert. Die Kosten für die Arbeitslosenversicherung werden ebenfalls von der Pflegeversicherung getragen.

Sterbebegleitung

Stellen Sie sich vor, dass eine Person, die Ihnen sehr nahesteht, im Sterben liegt oder bald sterben wird. Viele Menschen bereuen es später, in einer solchen Situation nicht bei der Person gewesen zu sein, die sie sehr gemocht haben. Diese Zeit können sie nicht zurückholen. Wenn Sie also die Chance haben, sich in einem solchen Fall eine begrenzte Auszeit zu nehmen, dann tun Sie es! Andernfalls machen Sie sich später vielleicht Vorwürfe, dass Sie nicht genug Zeit für den Sterbenden hatten.

Es gibt auch Menschen, die sich dafür entscheiden, während ihrer Auszeit eine Sterbebegleiterausbildung zu absolvieren. Viele Institutionen bieten dies an. Man arbeitet dann in Hospizen und betreut dort die Sterbenden und deren Angehörige.

Bevor Sie eine solche Ausbildung beginnen, machen Sie sich jedoch unbedingt bewusst, was dabei auf Sie zukommt. Sie können schnell an Ihre Grenzen kommen. Lassen Sie sich eingehend beraten und fragen Sie, ob eine Art Probezeit möglich ist.

Ich habe selbst einmal in Kalkutta in einem Sterbehospiz gearbeitet und stellte dabei schnell fest: Ich kann es nicht! Wenn ich morgens zur Arbeit kam, sah ich nur noch die leere Matratze, wo am Vorabend noch ein Mensch von mir gestreichelt worden war. Das hätte ich auf Dauer nicht ertragen können.

Reisen

Eine Reise zu unternehmen, ist sicher eine der beliebtesten Formen der Auszeit. Zudem ist es meiner persönlichen Meinung nach die intensivste Art, um ein Sabbatical für sich selbst zu nutzen!

Auf einer Reise müssen Sie sich auf andere Kulturen einstellen und deren Lebensweise akzeptieren. Sie werden ständig neuartigen Situationen ausgesetzt sein und müssen diese meistern. Sie werden viele Erfahrungen machen, die in der Heimat nicht möglich wären.

Daher bringt ein solches Sabbatical auch dem Arbeitgeber viele Vorteile, denn auf Ihrer Reise gewinnen Sie neue Kompetenzen, z. B.:

- interkulturelle Kompetenzen,
- Improvisationstalent,
- Kreativität,
- Durchhaltevermögen,
- Change Management (Veränderung) und
- Diplomatie.

Zudem werden Sie in der Regel Ihre Fremdsprachenkenntnisse verbessern oder gar eine ganz neue Sprache lernen. Davon kann Ihr Arbeitgeber profitieren, wenn Sie die Sprachkenntnisse später beruflich einsetzen.

Aber Vorsicht: Reisen ist nicht gleich Urlaub! Wenn Sie sich länger in einem Land aufhalten, dann kommen Sie auch ganz anders mit dem Land in Berührung als bei einem Aufenthalt von zwei bis drei Wochen. Im Urlaub sind Sie innerhalb der sicheren touristischen Strukturen unterwegs und erfahren alle erdenklichen Annehmlichkeiten. Der Lebensalltag im Reiseland sieht jedoch häufig ganz anders aus. Überfüllte Busse, schmutzige Sanitäranlagen, Unpünktlichkeit und Unzuverlässigkeit sind an vielen Orten der Welt an der Tagesordnung. Darüber sollten Sie sich im Klaren sein.

Tipp!
Bleiben Sie nie länger in einem Land, dessen Sprache Sie nicht sprechen! (Ausnahme: Sprachaufenthalt.) Ich musste einmal drei Wochen in Nordangola auf ein Ersatzteil für mein Motorrad warten. Dort sprach aber keiner Englisch – Sie können sich vorstellen, wie einsam ich mich gefühlt habe; und es war die reinste Freude, als ich endlich an der kongolesischen Grenze eintraf und der Zöllner mich freundlich auf Französisch ansprach, einer Sprache, die ich beherrsche.

Folgendes möchte ich Ihnen noch ans Herz legen: Geben Sie Ihrer Reise einen Sinn! Fahren Sie nicht einfach drauflos. Sie werden sonst nach einiger Zeit feststellen, dass Ihnen irgendetwas fehlt. Vielleicht kommt sogar Langeweile auf. Die schönen Strände, die Berglandschaften oder die Tierwelt werden früher oder später eintönig, wenn die Reise sich nicht sinnvoll anfühlt. Ein Sinn könnte beispielsweise so aussehen:

- *Ein Bekannter von mir hat aus seiner Reise ein Filmprojekt gemacht. Er will anschließend einen Kinofilm produzieren.*

- *Ein befreundetes Ehepaar hat seine Elternzeit für eine Australienreise genutzt und ein Buch darüber geschrieben.*

Sie können eine Reise hervorragend mit sozialem Engagement kombinieren. Viele Menschen engagieren sich beim Reisen in sozialen Projekten. Das ist in mehrfacher Hinsicht gut, denn man bekommt dadurch auch einen ganz anderen Einblick in die Lebensgewohnheiten des jeweiligen Landes. Der Reisende taucht auf diese Weise tiefer in die Gesellschaft ein. So habe ich in Hanoi (Vietnam) die ärmsten Menschen der Stadt auf einer Insel getroffen und sie zu ihrem Leben befragt. Da wäre ich nie allein hingekommen, nur mithilfe des Projektpartners in Hanoi ergab sich diese Möglichkeit.
Inspiriert durch meine eigenen sozialen Projekte weltweit, habe ich die Stiftung für Helfer gegründet. Diese Stiftung unterstützt Menschen, die sich auf Reisen sozial engagieren möchten – eine ideale Kombination von Reisen und sozialem Engagement.

Suche nach einem neuen Berufsfeld

Nun ein etwas ungewöhnlicher Vorschlag: Testen Sie Ihren neuen Arbeitgeber! Sie fühlen sich unzufrieden mit Ihrem aktuellen Job, wissen aber noch nicht genau, was Sie eigentlich machen wollen. Um das herauszufinden, könnten Sie einfach mal einen neuen Job auf Probe machen.
Wenn Sie eine Auszeit zu diesem Zweck beantragen,

sollten Sie darauf achten, Ihrem Chef einen anderen Grund zu nennen. Zudem muss Ihre Auszeitvereinbarung eine andere Erwerbstätigkeit zulassen, sonst bliebe nur die Möglichkeit eines unbezahlten Praktikums. In der Elternzeit wäre ein Job auf Probe im Rahmen einer Teilzeitarbeit ohne Probleme möglich.
Sollten Sie eine längere Auszeit von bspw. einem Jahr vor sich haben, wäre meine Empfehlung, den ersten Monat zur Reflexion und Entspannung zu nutzen und danach zwei oder drei verschiedene Dinge auszuprobieren. Erst wenn Sie sich ganz sicher sind und schon einen neuen Arbeitsvertrag haben, kündigen Sie die Sabbatical-Vereinbarung mit Ihrem alten Arbeitgeber auf.

Innere Einkehr

Viele Menschen suchen einfach nur Ruhe, wenn sie in eine Auszeit gehen. Dazu gibt es unterschiedliche Möglichkeiten.

Klöster:

In vielen Klöstern weltweit kann man innere Einkehr halten. Die Aufenthalte gestalten sich dabei sehr unterschiedlich. Einige Klöster sind sehr spartanisch ausgestattet mit kleinen Zimmern und harten Betten. Erkundigen Sie sich vorher genau, was Sie erwartet.
Zudem wird man häufig in den Klosteralltag einbezogen, d. h., es wird zu gewissen Zeiten gebetet und auch zusammen gearbeitet. In der Regel müssen Sie jedoch nicht selbst gläubig sein.

Mittlerweile gibt es auch Schnupperaufenthalte im Kloster. Testen Sie also, ob ein solcher Aufenthalt im Kloster etwas für Sie ist.

Pilgerwege:

Harpe Kerkeling sei Dank ist das Pilgern wieder mehr ins Bewusstsein der Deutschen gerückt. Was früher eher altmodisch klang, hat nun eine wahre Modewelle ausgelöst: Menschen pilgern mit allen möglichen Hilfsmitteln nach Santiago de Compostela.

Der Grundgedanke des Pilgerns ist die innere Einkehr durch Besinnung und körperliche Anstrengung. Dies geschieht häufig zusammen mit Gleichgesinnten.

Der bekannteste Pilgerweg ist sicherlich der Jakobsweg. Daher ist dieser Weg gerade in den Sommermonaten recht voll. Es gibt aber weltweit noch viele andere Pilgerorte und -wege, die sehr interessant sind.

Wie wäre es mal mit einer Kailash-Umrundung in Tibet oder einer Kumba Mela in Indien (wobei Letztere nur alle drei Jahre stattfindet und ebenfalls gut besucht ist)?

Meditation:

Meditation ist eine Übungsform, die durch Achtsamkeits- und Konzentrationsübungen den Geist beruhigen soll. Dabei ist es das Ziel, völlig frei von Gedanken zu sein.

Haben Sie schon einmal ausprobiert, an nichts zu denken? Es ist schwierig, denn es kommen immer wieder neue Gedanken hoch.

Tipp!
Ich möchte über eine persönliche Meditationserfahrung berichten. In Indien habe ich mich zu einer zehntägigen Schweigemeditation namens Vipassana angemeldet. Dorthin kann jeder kommen, der möchte, und am Ende der Zeit bezahlt man, was einem der Aufenthalt wert war.
Das Schwierige an Vipassana ist seine Durchführungsform. Man darf während der zehn Tage kein Smartphone oder Tablet benutzen. Diese Geräte werden zu Beginn am Eingang abgegeben. Kein Fernsehen, kein Radio, kein Körperkontakt zu anderen Menschen – nicht einmal Augenkontakt ist erlaubt. Man darf kein Buch lesen und keine eigenen Aufzeichnungen tätigen und man darf mit keinem anderen sprechen.
Es ist sicherlich eine der anspruchsvollsten Meditationsmethoden und deshalb für absolute Anfänger eher ungeeignet.
Das klingt auf den ersten Blick schwierig – und das ist es auch. Aber ich kann Ihnen Hoffnung machen: Wenn Sie die ersten drei Tage überstanden haben, läuft die Meditation wie von selbst. Es stellt sich eine Routine ein. Ihr Geist wird ruhiger und Sie können nun selbst reflektieren. Ich habe diese Meditationsart mittlerweile schon dreimal durchlaufen und kann hervorragende Ergebnisse an mir feststellen. Ich verspüre Glück und Zufriedenheit. Es ist wie eine geistige Reinigung!
Probieren Sie es mal aus. Dafür muss man übrigens nicht nach Indien fahren. Ein Vipassana-Zentrum gibt es auch in Deutschland: www.dvara.dhamma.org

Andere Auszeiten

Zum Schluss noch drei weitere Beispiele für die vielen Möglichkeiten, eine Auszeit zu gestalten und zu nutzen:

Buch schreiben:

Nehmen Sie sich eine Auszeit und schreiben Sie endlich das Buch, das Sie schon immer mal schreiben wollten. Ohne Auszeit werden Sie nicht die Zeit zum Schreiben finden, denn in der Regel haben Sie zu viele alltägliche Verpflichtungen und es fehlt die nötige Ruhe.

Ein Haus bauen oder die Wohnung renovieren:

Wie viele Menschen träumen davon, ein eigenes Haus zu bauen? Üblicherweise läuft es aber dann so ab, dass man den ganzen Tag arbeitet und nur abends und an den Wochenenden Zeit hat, auf die Baustelle zu gehen. Daraus entsteht oft eine extreme Belastung, die Beziehungen und Familien nicht lange aushalten.
Durch Ihre eigene Mithilfe am Bau können Sie Geld einsparen. Gerade Menschen, die viel mit dem Kopf arbeiten, kann der Hausbau ein schönes Gefühl vermitteln, denn am Ende des Tages können sie die selbst errichtete Wand bestaunen, und das ist eben doch etwas anderes, als ein Excel-Sheet fertiggestellt zu haben.

Sportereignis:

Wer eine Auszeit macht, kann sich als Volontär für ein sportliches Großereignis bewerben. Es ist spannend, einmal hinter die Kulissen der Olympischen Spiele oder einer Fußballweltmeisterschaft zu schauen. Zudem kommen Sie dabei mit Menschen aus der ganzen Welt in Kontakt.

Ich war als freiwilliger Helfer bei der Fußballweltmeisterschaft 2006 in Köln aktiv. Plötzlich stand Arsène Wenger (Trainer von Arsenal London) vor mir. Ich sollte ihn zum Platz begleiten. Natürlich ergriff ich die Gelegenheit beim Schopf und begann ein Gespräch mit ihm. Der sonst eher kühl wirkende Mann war sehr humorvoll und witzig!

Sie können Ihre Auszeit aber auch nutzen, um sich selbst auf ein sportliches Ereignis vorzubereiten, beispielsweise auf einen Marathon.

Schon bevor Sie Ihre Auszeit beantragen, sollten Sie Ihre Motive ergründen und eine Entscheidung treffen, zu der Sie stehen können. 30

- ***Welches Motiv steht hinter Ihrem Wunsch nach einer Auszeit? Suchen Sie Abwechslung oder brauchen Sie Erholung? Wollen Sie sich sozial engagieren oder betrachten Sie Ihre Auszeit als Sinnsuche?***
- ***Auch gesundheitliche Gründe können für eine Auszeit sprechen, etwa bei einem drohenden Burn-out.***
- ***Es gibt viele verschiedene Formen von Auszeiten, von Auszeiten zur Weiterbildung über Eltern- oder Pflegezeit bis hin zu längeren Reisen, Formen der inneren Einkehr oder persönlichen Projekten.***

30 MINUTEN

2. Chancen und Risiken

Haben Sie erst einmal die Entscheidung für sich selbst getroffen, dann müssen Dritte involviert werden, sofern noch nicht geschehen. Die erste Person, die eingebunden werden sollte, ist Ihr Partner bzw. Ihre Partnerin, anschließend folgt die Familie. Schließlich muss der Arbeitgeber überzeugt werden. Dann kann es losgehen. Die Chancen und Risiken einer Auszeit sind Ihnen bewusst. Doch welche Entwicklung wird die Auszeit für Sie bringen und was passiert, wenn Sie die Auszeit vorzeitig beenden wollen?

2.1 Das private Umfeld

Ihre innere Entscheidung ist getroffen. Nun müssen Sie Ihr privates Umfeld miteinbeziehen. Falls Sie alleinstehend sind, haben Sie den großen Vorteil, dass Sie nun einfach loslegen und Ihre Auszeit so umsetzen können, wie Sie es möchten.

Allein

Ich empfehle Ihnen, auch allein loszuziehen und sich keinen Mitstreiter zu suchen. Sie werden die Zeit viel intensiver erleben. Zudem können Sie Ihre Auszeit zur Selbstreflexion nutzen, ein Begleiter wäre da möglicherweise hinderlich oder schlimmstenfalls kontraproduktiv. Wann haben Sie sonst einmal die Chance, im normalen Alltag längere Zeit allein zu sein?
Sollten Sie auf eine Reise gehen, werden Sie als Einzelreisender eher von Einheimischen angesprochen und Sie müssen auch selbst öfter mit anderen Menschen Kontakt aufnehmen, und gerade diese menschlichen Begegnungen sind es, die eine Reise bereichern. Man trifft auf Menschen, die man sonst nicht treffen würde.
Für mich war das Alleinreisen ein tolles Training. Ich musste meine eigene Zurückhaltung ablegen und offen auf andere Menschen zugehen. Nur so konnte ich einer aufkommenden Einsamkeit entgegentreten.
Wenn Sie dagegen zu zweit reisen, schotten Sie sich eher ab. Man kann sich dann gut untereinander austau-

schen. Es besteht nicht die Notwendigkeit mit Dritten ins Gespräch zu kommen.
Natürlich läuft man als Alleinreisender Gefahr, zu vereinsamen. Dann ist es jedoch ratsam, sich einfach anderen Reisenden anzuschließen, die man unterwegs trifft. So geht man keine „Verpflichtung" ein, längere Zeit mit ein und derselben Person zu verbringen, sondern kann jederzeit und ohne sich groß rechtfertigen zu müssen wieder getrennte Wege gehen. Bei einer bereits gemeinsam geplanten Reise ist die Hemmschwelle dagegen höher, sich von seinem Reisegefährten zu trennen.

In einer Partnerschaft

Wenn Sie in einer Partnerschaft leben und Ihre Partnerin bzw. Ihr Partner denkt genauso wie Sie, dann möchten Sie wahrscheinlich die Auszeit zu zweit antreten. Das ist zunächst unproblematisch – es sei denn, einer bekommt die Auszeit genehmigt, der andere jedoch nicht. Bei vielen Paaren findet dann die Auszeit nicht statt.
Die Alternative ist, dass einer wegfährt und der andere im Jahresurlaub nachkommt. Dabei sollten Sie jedoch bedenken, dass der „Auszeiter" im Auszeitmodus ist. Er lebt ein ruhigeres, entspannteres Leben, während der „Urlauber" aus einem hektischen, anstrengenden Berufsalltag kommt. Auch können die Interessenlagen nun unterschiedlich sein. Der Urlauber will vielleicht etwas mehr Aktivität als der Auszeiter, um die kurze Zeit des Jahresurlaubs zu nutzen. Dadurch können zwei

unterschiedliche Auffassungen aufeinanderprallen. Da bedarf es von beiden Seiten Umsicht, Ruhe und Geduld. Sollte die Auszeit länger dauern, werden sich beide Partner unabhängig voneinander weiterentwickeln. Die neuen Eindrücke und Anforderungen werden den Auszeiter stark prägen, während derjenige, der zu Hause geblieben ist, eher seinen gewohnten Weg beschreitet, mit weniger vielfältigen Eindrücken. Beide Persönlichkeiten werden sich also nach dem Sabbatical unterschiedlich entwickelt haben.
Startet einer der beiden in eine Auszeit, müssen Paare in Kauf nehmen, dass sie sich möglicherweise auseinanderleben werden, was schlimmstenfalls zur Trennung führen kann.

Tipp!
Wenn Sie schon zu Beginn der Auszeit das Gefühl haben, dass es eigentlich in der Partnerschaft nicht mehr so richtig läuft, dann bleiben Sie nicht um jeden Preis zusammen, sondern trennen Sie sich jetzt! Sie werden die Auszeit viel freier genießen können und offener für neue Erfahrungen sein. Wer weiß, vielleicht lernen Sie sogar jemand Neues kennen.
Ohnehin wäre andernfalls eine Trennung nach der Auszeit sehr wahrscheinlich, denn in der Regel hilft eine Auszeit nicht, eine kaputte Beziehung zu reparieren.

Doch auch eine gemeinsame Auszeit kann zur Zerreißprobe für eine Partnerschaft werden. Denn plötzlich sind Sie bis zu 24 Stunden täglich zusammen und unternehmen fast alles gemeinsam. Es gibt keine Phase des Abstands!

Bei allen Risiken, die eine Auszeit für eine Partnerschaft mit sich bringt, sollten Sie aber auch die Möglichkeit des gemeinsamen Wachstums sehen, etwa die der positiven Veränderung auf einer partnerschaftlichen Reise. Was kann es Schöneres geben, als später über die gemeinsamen Erlebnisse am Kamin zu plaudern?

Mit Kindern ins Sabbatical

Eine Auszeit gemeinsam mit Kindern zu gestalten, ist deutlich einfacher, wenn die Kinder noch nicht schulpflichtig sind. Dann können Sie tun und lassen, was Sie wollen.

Wenn Sie dagegen mit schulpflichtigen Kindern auf Reisen gehen wollen, müssen Sie diese von der Schulpflicht befreien oder die Kinder an dem Ort zur Schule anmelden, an dem Sie sich länger aufhalten.

Weitere Infos dazu unter:

- http://www.kidsaway.de/reiseplanung/vorueberlegungen/langzeitreise-mit-kind-schulfreistellung-fuer-die-weltreise-geht-das/

Ich selbst bin als Kind in den USA und in Frankreich zur Schule gegangen. Für mich war es eine sehr interessante Erfahrung, ein fremdartiges Schulsystem kennenzulernen. Die gesammelten Eindrücke aus dieser Zeit möchte ich nicht missen.

Sollten Sie längere Zeit mit Ihren Kindern umherziehen,

sodass diese nicht an einem bestimmten Ort eine Schule besuchen können, erkundigen Sie sich, wie Sie Ihre Kinder selbst unterrichten können. Es gibt dafür spezielles Unterrichtsmaterial.
Ich habe schon mehrere Menschen getroffen, die noch nie eine Schule von innen gesehen haben. Ich hatte nicht den Eindruck, dass sie schlecht im Leben standen. Ein junger Mann hat mich besonders fasziniert. Er hat eigenhändig ein dieselbetriebenes Motorrad gebaut.

Familie und Freunde

Wenn Sie Ihrer Familie und Ihren Freunden von Ihren Plänen erzählen, hängt sehr viel davon ab, wie offen und tolerant Ihre Familie und Ihr Freundeskreis sind. Rechnen Sie nicht mit Begeisterungsstürmen, wenn Sie von der bevorstehenden Auszeit berichten. Es besteht die Möglichkeit, dass man versuchen wird, Ihnen die Auszeit wieder auszureden. In diesem Fall muss man auch die „Gegenseite" verstehen: Ihre Eltern beispielsweise haben Sie jahrelang großgezogen und befürchten nun, dass Ihnen etwas zustoßen könnte. Zudem geben Sie Ihre sichere berufliche Position erst einmal auf. Manche Eltern haben dann Sorge, das „Kind" könne die gesellschaftliche Anerkennung verlieren oder gar von Armut bedroht sein.
Jetzt müssen Sie egoistisch sein, weiter Ihren Weg gehen und einfach über den Dingen stehen. Wenn Ihre Entscheidung gefestigt ist, besteht keine Gefahr, dass Sie sie revidieren.

Spätestens jetzt werden Sie auch die Ansichten Ihrer Freunde kennenlernen. Dabei wird die Freundschaft auf die Probe gestellt. Die zweite Probe folgt während Ihrer Auszeit und die dritte danach. Sollte die Freundschaft dann immer noch Bestand haben, können Sie mit Fug und Recht behaupten, dass es eine gute Freundschaft ist!

Mir hat es übrigens geholfen, mich vor der Abreise mehr an die Freunde zu halten, die mein Ansinnen unterstützt haben. Es sind auch die Menschen, die mir nach dem Sabbatical geblieben sind.

Klären Sie nun, wie Sie Ihre Auszeit verbringen 30
werden: allein, mit Ihrem Partner/Ihrer Partnerin oder auch mit Ihren Kindern? Danach stellen Sie sowohl in der Familie als auch im Freundeskreis Ihr Vorhaben vor.

2.2 Überzeugungsarbeit im Unternehmen

Nun stellt sich die Frage: Wie sage ich es meinem Chef? Grundsätzlich ist es ratsam, möglichst frühzeitig ein Sabbatical anzukündigen. Sechs bis zwölf Monate vor dem Sabbatical ist ein guter Zeitpunkt.

Hat Ihre Firma schon ein etabliertes Sabbaticalprogramm, dann brauchen Sie sich keine großen Sorgen machen. Ihr Wunsch ist dann nichts Außergewöhnliches, und Ihr Chef kann Ihnen den Wunsch schlecht abschlagen, da die Firma ja Auszeiten aktiv fördert. Sie sollten sich vorher gut über die bestehenden Auszeitprogramme informieren. Wenden Sie sich ggf. an den Betriebsrat, der Ihnen bei solchen Fragen helfen kann. Auch von Gewerkschaften können Sie gute Informationen bekommen.

In einer Firma, die noch nicht über ein etabliertes Auszeitprogramm verfügt, hängen die Erfolgsaussichten Ihres Antrags dagegen ganz davon ab, wie Ihr Chef eingestellt ist. Legt er selbst größtmöglichen Wert auf Work-Life-Balance oder arbeitet er bis spät in die Nacht? Ermuntert er seine Mitarbeiter auch mal, früher nach Hause zu gehen, oder nötigt er sie ständig zu Überstunden? Sollte Ihr Chef ohnehin ein Fan von Work-Life-Balance und Auszeiten sein, haben Sie relativ leichtes Spiel.

Wenn er aber selbst nicht viel vom Konzept eines Sabbaticals hält, ist eine besonders diplomatische Vorgehensweise angesagt. Zunächst sollten Sie den richtigen Gesprächszeitpunkt wählen. Montagmorgens, wenn sich die Arbeit türmt, ist sicherlich nicht der beste Zeitpunkt, um Ihren Chef anzusprechen. Gleiches gilt für andere Phasen mit hoher Arbeitsverdichtung. Ich empfehle eher den späten Nachmittag oder die frühen Abendstunden, da dann die Hektik des Tages schon abgeklungen ist und Ihr Chef tendenziell mehr Zeit und Ruhe hat.

Tipp!
Vermitteln Sie Ihrem Chef das Gefühl, dass er aktiv in den Entscheidungsprozess miteinbezogen ist. Denn wenn er „mitentscheiden" kann, trägt er die Entscheidung über Ihre Auszeit auch eher mit und kann sie gegenüber Dritten (seinem Chef oder Ihren Kollegen) auch besser verkaufen.

Argumente für die Auszeit

Versuchen Sie nun, die Vorteile der Auszeit für Ihren Chef herauszustreichen. Dazu finden Sie am Ende des Buches die Auflistung „Sabbaticalprogramme – Vorteile für Unternehmen", der Sie Argumente entnehmen können.

Überlegen Sie sich, was in Ihrem individuellen Fall für eine Auszeit sprechen könnte: Vielleicht gibt es gerade Umstrukturierungen in der Abteilung? Oder die Firma muss generell Kosten einsparen? Stehen Sie vielleicht gerade vor einem Abteilungswechsel und Ihre neue Position ist noch nicht vakant? Kann man Ihre Arbeit temporär auf andere umverteilen?

Wenn jemand in Elternzeit geht, muss man im Unternehmen ja schließlich auch Lösungen finden, was in der Regel durchaus gelingt. Ich persönlich verstehe bis heute nicht, warum Unternehmen hier einen so grundlegenden Unterschied machen: ob Elternzeit oder Sabbatical – der Arbeitnehmer ist erst mal nicht verfügbar.

Tipp!
Helfen Sie Ihrem Arbeitgeber aktiv:

- Sie können anbieten, Ihre Vertretung selbst zu suchen und mit einem entsprechenden Vorlauf einzuarbeiten.
- Sie können vorschlagen, sich um die Erstellung einer Auszeitvereinbarung zu kümmern. Wenn das Thema Auszeit für Ihren Chef Neuland ist, dann weiß er in der Regel auch nicht, wie man es am besten vertraglich ausgestaltet. Nehmen Sie ihm den lästigen Papierkram ab!

Kompromisse finden

Sie sollten geschickt mit Ihrem Chef verhandeln: Fragen Sie zunächst nach einer Freistellung für einen möglichst langen Zeitraum, beispielsweise für ein Jahr, obwohl Ihnen eigentlich eine sechsmonatige Auszeit reichen würde. Ihr Chef wird versuchen, Ihre Auszeit einzukürzen, und Sie können nun großzügig nachgeben. Am Ende gehen beide als Sieger vom Platz.

Sollte Ihr Chef gar nicht zustimmen wollen, drohen Sie nicht gleich mit der Kündigung, sondern schlagen Sie ihm im nächsten Schritt das Modell der Abrufarbeit vor. Dies hat sich insbesondere dann bewährt, wenn Sie sich nicht zu weit entfernt von Ihrer Arbeitsstätte aufhalten, wenn Sie also beispielsweise ein Buch schreiben oder einfach nur mehr Zeit mit der Familie verbringen wollen.

Dann kann Sie Ihr Chef innerhalb einer Mindestankündigungsfrist von vier Tagen zur Arbeit einbestellen.

Gerade für Mitarbeiter mit großer Verantwortung ist dies sicherlich ein gangbarer Weg. Zudem könnten in diesem Zusammenhang gewisse Telefontage/-zeiten eingeführt werden, an denen wichtige Dinge besprochen werden. Hier gilt: Es ist besser, eine limitierte Auszeit als gar keine Auszeit zu bekommen.

Tipp!
Falls Sie nicht gleich mit Ihrem Chef sprechen möchten und es in Ihrem Unternehmen einen Betriebsrat gibt, gehen Sie auf diesen zu. Er nimmt die Interessen der Arbeitnehmer wahr, ist zur Verschwiegenheit verpflichtet und sollte Ihnen Auskunft geben können, ob Sabbaticalprogramme bestehen und wie aussichtsreich ein Antrag auf eine Auszeit ist.

Mögliche Reaktionen im Unternehmen

Tendenziell ist es einfacher, in einem großen Unternehmen ein Sabbatical genehmigt zu bekommen, schon aus dem einfachen Grund, dass dort eine andere Personalsituation besteht und so besser auf eine geeignete Vertretungsregelung hingearbeitet werden kann.
Mir ist ein Beispiel aus der Praxis bekannt, bei dem zwei Mitarbeiter eines deutschen Großunternehmens schon zum zweiten Mal ein Sabbatical durchgeführt haben. Sie haben sich nach der Auszeit beruflich im Unternehmen nicht verschlechtert, es gab sogar berufliche Verbesserungen. Fälle, in denen es zu einer Verschlechterung der Jobsituation kam, kenne ich persönlich nicht.

In der Regel läuft es so ab, dass das Unternehmen entweder die Auszeit bewilligt – dann bekommen Sie nach der Auszeit eine gleichwertige (nicht unbedingt exakt die gleiche) Stelle angeboten – oder das Unternehmen unterstützt das Vorhaben nicht. Dann müssen Sie leider kündigen, um sich Ihre Auszeit zu nehmen.

Kündigen für die Auszeit?

Ob es Ihnen das Vorhaben wert ist, eine Kündigung auszusprechen, müssen Sie selbst abwägen. Das hängt natürlich sehr von Ihrer persönlichen Situation ab. Generell würde ich sagen: je jünger, desto besser. Junge Arbeitnehmer haben einfach mehr Chancen, am Arbeitsmarkt wieder Fuß zu fassen. Wenn Sie noch relativ jung sind, können Sie ggf. auch einfacher in einer anderen Branche unterkommen, falls Sie in Ihrer angestammten Branche keine Arbeit mehr finden sollten.

Zudem hängt die Entscheidung auch von der Branche ab. Für jemanden, der in der IT-Branche arbeitet, sollte es auch im höheren Alter kein Problem sein, einen neuen Job zu finden. Auch Handwerker sind in Deutschland stets gefragt.

Vor meiner zweiten großen Auszeit hatte ich mich gerade ein Jahr lang als Einzelunternehmer selbstständig gemacht. Das Geschäft lief richtig gut. Goldene Zeiten standen bevor. Auf den ersten Blick war es sicherlich unvernünftig, zu diesem Zeitpunkt aufzuhören, doch ich stellte mir die Frage: Werde ich eine solche Chance in meinem Leben noch einmal bekommen? In der Regel wohl eher nicht! Und so tat ich es einfach: Ich stellte den Geschäftsbetrieb ein! Obwohl ich viel aufgegeben habe, bereue ich meine Entscheidung nicht. Während der zweijährigen Reise habe ich so viel erlebt, davon zehre ich heute noch.

Gehen Sie mit guten Argumenten ins Gespräch mit Ihrem Chef. Beziehen Sie ihn aktiv in die Entscheidung mit ein. Wird die Auszeit genehmigt, bekommen Sie nach der Rückkehr in der Regel eine gleichwertige Stelle.

2.3 Karriere und persönliche Entwicklung

Einige Ihrer Kollegen und Freunde werden über Ihr Vorhaben zunächst den Kopf schütteln: Was ist denn in Sie gefahren? Nun zahlt es sich aus, wenn Sie sich vorher genügend Gedanken darüber gemacht haben, warum Sie Ihre Auszeit wollen. Ihr Selbstbewusstsein ist dann stark genug, diese Phase zu überstehen. Vielleicht listen Sie all die Vorteile auf, die ein Sabbatical für Sie hat. Es ist gut, sich diese Vorteile immer wieder vor Augen zu führen. Manche Menschen heften diese Liste an den Kühlschrank, um immer wieder daran erinnert zu werden. Denn Menschen, die zuvor rein leistungsbezogen gedacht und gehandelt haben, müssen sich jetzt daran gewöhnen, Ruhe und Entspannung als Prioritäten zuzulassen.

Vom Leistungsträger zum Müßiggänger?

In dieser Phase werden Sie merken, dass sich einige Menschen von Ihnen abwenden. Aber es kommen neue hinzu, Menschen, die besser in Ihr zukünftiges Leben passen.

Sicherlich werden Sie auch mit der Angst um Ihre berufliche Zukunft konfrontiert werden. Es besteht immer noch das landläufige Vorurteil, dass ein Sabbatical zwangsläufig schädlich für den Karrierefortschritt ist. Dem möchte ich widersprechen. Es kommt hier sehr auf die Denkkultur der Firma an. SAP hat beispielsweise ein eigenes Sabbaticalprogramm. Andere Firmen ziehen nach. Denn kurze Sabbaticalprogramme können sehr gut als Entwicklungsprogramme für die Personalentwicklung von Führungskräften genutzt werden.

Gerade nach der Beendigung von Traineeprogrammen oder bei der Beförderung in die nächsthöhere Verantwortungsstufe ist es sinnvoll, die Mitarbeiter noch einmal vor eine neue, andersartige Herausforderung zu stellen. Anstelle eines Assessment Centers durchlaufen sie ein begleitetes Sabbaticalprogramm.

Aber auch wenn Ihr Unternehmen in der Personalentwicklungspolitik noch nicht so weit ist, gibt es keinen Grund zur Sorge. Denn in der Regel werden Sie im Rahmen der Auszeitvereinbarung festlegen, dass Sie wieder in einer ähnlichen Position eingruppiert werden.

Ein beruflicher Abstieg wird demnach nicht eintreten. Wie sich die Karriere dann nach der Auszeit entwickelt, ist unterschiedlich. Haben Sie Erfahrungen gesammelt,

die Sie im Unternehmen einbringen können, dann werden Sie für Ihr Unternehmen dadurch noch wertvoller, und dies wird sich auf Ihren Karriereweg positiv auswirken.
Natürlich dürfen Sie nicht erwarten, dass Sie genauso schnell befördert werden wie diejenigen, die sich keine Auszeit genommen haben, aber dafür haben Sie Lebenserfahrung gesammelt, die Ihre Kollegen nicht haben.
Hierzu empfehle ich das Buch von Bronnie Ware, *5 Dinge, die Sterbende am meisten bereuen*. Das Versäumnis, das hier schon an zweiter Stelle steht, lautet: „Ich wünschte, ich hätte nicht so viel gearbeitet!"
Sie müssen sich Klarheit über Ihre Prioritäten verschaffen: maximaler Einsatz für die Arbeit oder ein ausgewogenes Leben?

Mut zum Neuanfang

Wenn Sie nicht zum gleichen Arbeitgeber zurückkehren, haben Sie die große Chance auf einen Neuanfang. Sie können jetzt endlich das tun, was Sie schon immer tun wollten. Diese Chance hätten Sie nicht, wenn Sie einfach normal weitergearbeitet hätten. Denn in der Regel wird es ohne Auszeit, Elternzeit oder Krankheit keine Zäsur in Ihrem Arbeitsleben geben. Sie laufen weiter in Ihrem Hamsterrad.
Durch Ihre Auszeit könnten Sie sich insofern verändern, als Sie einfach mutiger und offener für neue Dinge werden. Sie sind dann neugierig und wollen etwas Neues ausprobieren.

Ich bin eigentlich von Hause aus Rechtsanwalt, nach nunmehr vier Auszeiten bin ich dort, wo ich jetzt bin. Mich haben die Auszeiten mutiger gemacht. Mutiger, das Leben anzunehmen und sich den neuen Herausforderungen zu stellen.
Einfach mal neue Dinge auszuprobieren, auch wenn sie scheitern. Sicherlich könnte ich auch im Management eines großen Unternehmens sein, aber dann hätte ich sehr viel in meinem Leben nicht erlebt!

Wertvolle Erkenntnisse

Betrachten wir noch ein bisschen die weiteren Chancen, die sich während einer Auszeit für Sie ergeben können. Egal ob Sie auf Reisen gehen oder eine Auszeit in der Heimat machen, Sie sind in jedem Fall vor neuartige Aufgaben gestellt, die es zu lösen gilt.
Auf meiner ersten großen Motorradreise musste ich 13 Reifenpannen am Straßenrand bewältigen. Beim ersten Platten dauerte es drei Stunden, beim letzten schaffte ich es in weniger als 30 Minuten.
In Deutschland hätte ich den ADAC gerufen. In Afrika musste ich mir selbst helfen. Ich kannte mich kaum damit aus, obwohl ich Reifenwechsel sogar in Deutschland geübt hatte. Aber eine Trockenübung ist doch was anderes als der Ernstfall! Und so wurde ich auf einmal kreativ: Ich hielt Pick-ups an und bat sie, mein Motorrad mitzunehmen. Im nächsten Ort fand ich eine Reparaturwerkstatt und alles ging viel schneller.
Neue Situationen bieten neue, ungeahnte Handlungs-

möglichkeiten. Die gewonnenen Erkenntnisse sollten Sie festhalten. Ich trage dazu ein kleines Büchlein bei mir und schreibe mir wertvolle Erfahrungen auf. Überlegen Sie sich, in welchen Situationen mit analogen Problemstellungen Sie diese Erkenntnisse später in Ihrem Berufsleben nutzen können.

Lassen Sie sich nicht von dem Vorurteil, eine Auszeit sei schädlich für die Karriere, verunsichern. 30
Eine Auszeit kann eine Entwicklungschance für Sie sein, denn Sie werden vor viele neue Herausforderungen gestellt werden und wertvolle Erkenntnisse gewinnen.

2.4 Vorzeitige Rückkehr in den Job

Nun gibt es Menschen, die nach einigen Monaten ihres Sabbaticals feststellen, dass diese Auszeit bereits ausreichend war. Sie fühlen sich gelangweilt und sie möchten lieber wieder arbeiten. Was kann man in einem solchen Fall tun?
Haben Sie einmal eine Auszeitvereinbarung getroffen, so sind Sie grundsätzlich daran gebunden. Sie müssen dann zu Ihrem Chef gehen und ihn fragen, ob Sie auch schon wieder früher in Ihren Job zurückkehren können. Ob das möglich ist, hängt davon ab, ob eine befristete Vertretung für Sie eingestellt worden ist oder wie gera-

de generell die Personalsituation im Unternehmen aussieht. Zudem wird die Entscheidung auch von der wirtschaftlichen Situation des Unternehmens abhängen.

Waren Sie vorher ein „unentbehrlicher" Mitarbeiter, so wird man eher froh sein, wenn Sie früher wieder Ihre Arbeitskraft zur Verfügung stellen. Die Chance auf eine vorzeitige Rückkehr ist dann sehr gut.

Sie haben zudem die Möglichkeit, Ihrem Chef anzubieten, übergangsweise einen anderen Job zu übernehmen, bis Ihre Auszeitvereinbarung ausläuft. In diesem Fall gilt, dass es wahrscheinlich besser ist, irgendetwas zu tun, als sich zu Hause zu langweilen.

Wenn Sie sich für ein Sabbatical entschieden haben, müssen Sie sowohl beruflich als auch privat Vorbereitungen treffen, mit Kritik umgehen und Überzeugungsarbeit leisten.

- ***Rechnen Sie mit kritischen Stimmen im Freundeskreis und in der Familie.***
- ***Wenn Ihr Unternehmen noch kein Sabbaticalprogramm hat, müssen Sie gute Argumente vorbringen, um Ihren Chef zu überzeugen.***
- ***Eine Auszeit muss Ihrer Karriere nicht schaden – sehen Sie darin vielmehr eine Entwicklungschance.***
- ***Bei vorzeitiger Beendigung der Auszeit haben Sie keinen Anspruch auf sofortige Rückkehr an den Arbeitsplatz, aber Sie können ggf. mit Ihrem Chef verhandeln.***

30 MINUTEN

3. Umsetzung

Hatten Sie sich bisher mehr um die „weicheren" Faktoren wie Orientierung, Motive und Chancen gekümmert, geht es nun an die konkrete Umsetzung der bevorstehenden Auszeit.

Sie werden sich jetzt die Frage stellen: „Wie lange genau soll meine Auszeit eigentlich dauern?" Daran schließt sich die Frage an: „Wann werde ich meine Arbeit aufgeben und unter welchen rechtlichen Rahmenbedingungen?" Schließlich müssen noch allerhand Formalitäten erledigt werden.

Einmal in der Auszeit angekommen, werden Sie diese sicherlich genießen! Aber was ist – auch wenn wir es nicht hoffen wollen –, wenn doch eine Krise oder Probleme auftreten? Wie können Sie sich dann selbst helfen?

3.1 Zeitpunkt und Dauer

Sollte Ihnen die Auszeit nicht gerade vom Arzt wegen Erschöpfungszuständen oder einem bevorstehenden Burn-out „verordnet" werden, ist der Zeitpunkt einer Auszeit frei wählbar.

Der richtige Zeitpunkt

Letztlich muss jeder individuell entscheiden, wann der richtige Zeitpunkt für die Auszeit gekommen ist. Sowohl für Arbeitnehmer als auch für Selbstständige gilt es jedoch, ein paar generelle Aspekte zu beachten.

Arbeitnehmer:

Arbeitnehmer sollten darauf achten, dass sie den Zeitpunkt so wählen, dass eine Beförderung oder ein Karriereschritt nicht unmittelbar bevorsteht, sofern sie nach der Auszeit in der gleichen Branche tätig sein möchten.

Häufig bietet sich eine Auszeit an, wenn man einen Arbeitsplatz oder Projektwechsel vornimmt. Der Chef wird einem auch eher eine Auszeit bewilligen, wenn das Unternehmen gerade in einer auftragsschwachen Phase ist und tendenziell eher Personal abbauen muss. Dann tun Sie Ihrem Chef sogar noch einen Gefallen!

- Praxisbeispiel: *Ein Kunde von mir hatte seinen Arbeitgeber gebeten, nach drei Jahren auf dem gleichen Posten nun eine andere Tätigkeit im Unternehmen auszuüben. Innerhalb der folgenden sechs Monate konnte der*

Arbeitergeber keinen anderen Arbeitsplatz in seinem mittelständischen Unternehmen anbieten. Daraufhin wurde vonseiten des Arbeitgebers dem Wunsch auf ein sechsmonatiges Sabbatical entsprochen.

Der wohl beste Zeitpunkt für Arbeitnehmer, eine Auszeit einzulegen, ist zwischen zwei unterschiedlichen Arbeitsstellen. In der Regel möchte Sie Ihr neuer Arbeitgeber möglichst bald beschäftigen, versuchen Sie daher, einen zeitlichen Aufschub auszuhandeln. Wenn Ihr neuer Arbeitgeber Sie wirklich einstellen möchte, dann wird er auch noch ein oder zwei Monate auf Sie warten können.

Selbstständige:
Selbstständige sollten bei der Wahl des Ausstiegszeitpunkts einen längeren zeitlichen Vorlauf einplanen, da hier weit mehr vorab geregelt werden muss. Ist der Zeitpunkt einmal festgelegt, müssen Selbstständige sich überlegen, wie sie den Arbeitsanfall während der Auszeit delegieren.
Wer mit anderen Menschen zusammenarbeitet, kann sicherlich nach vorheriger Absprache Vertretungsregelungen vereinbaren.
Für „Einzelkämpfer“ gibt es im Wesentlichen zwei Möglichkeiten: Zum einen können sie für die Zeit der Abwesenheit eine Vertretung oder ein Interimsmanagement engagieren. Dabei ist darauf zu achten, dass die Vertretung ähnlich qualifiziert ist wie der Selbstständige, der

sich die Auszeit nimmt, denn andernfalls könnten sich Kunden schlecht behandelt fühlen. Zum anderen besteht die Möglichkeit, Kunden aktiv in den Auszeitprozess einzubinden und um entsprechende Auftragserteilung zu bitten.

- Praxisbeispiel: *Ein Unternehmensberater hat ein halbes Jahr vor Auszeitantritt seinen Kunden mitgeteilt, dass er ab einem bestimmten Zeitpunkt für drei Monate nicht permanent zur Verfügung stehen wird. Das Anschreiben erfolgte mit der Bitte, etwaige Aufträge vorher oder nachher zu erteilen. Seine Kunden konnten sich so auf die Situation einstellen.*

Dauer

Den Begriff „Sabbatical" verbindet man traditionell mit einer einjährigen Auszeit, aber natürlich sind auch kürzere Zeiträume oder sogar noch längere Auszeiten denkbar. Wie lange die eigene Auszeit dauern soll, hängt von vielen verschiedenen Faktoren ab. Wiederum ist die Situation von Arbeitnehmern und Selbstständigen ein wenig unterschiedlich.

Arbeitnehmer:

Hier kommt es zum einen darauf an, wie lange man eine Auszeit machen möchte und wie lange man es sich finanziell leisten kann, und zum anderen, wie die konkreten Auszeitmodelle des Arbeitsgebers beschaffen sind, falls es solche Modelle gibt. Dadurch ist häufig die maximale Dauer schon festgelegt.

Tipp!
Vereinbaren Sie erst einmal eine möglichst lange Auszeitdauer. Die Erfahrung zeigt, dass eine nachträgliche Verlängerung der Auszeit selten möglich ist. Sollten Sie nach Ablauf der Dauer die Auszeit immer noch fortsetzen wollen, müssen Sie in der Regel Ihren Job kündigen.

Selbstständige:
Auch bei Selbstständigen hängt die Dauer der Auszeit natürlich von den finanziellen Möglichkeiten ab. Noch wichtiger ist hier die Frage, wie lange man seine Kunden „allein lassen“ kann, ohne sie zu verlieren. Hier spielt zum einen die Organisation der Abwesenheit eine Rolle, zum anderen ist dies stark branchenabhängig.

Tipp!
Fangen Sie erst einmal mit einer Auszeit von vier Wochen an. Sollte sich das Modell als erfolgreich herausstellen, können Sie die „Dosis“ steigern und eine längere Auszeit wagen.

Der genaue Starttermin

Legen Sie Ihren Starttermin rechtzeitig auf den Tag genau fest. Sechs Monate vor Beginn der Auszeit ist in der Regel ausreichend. Sollten Sie sich für eine Reise entscheiden, sind die klimatischen Bedingungen im Reiseland zu beachten. Ich persönlich bevorzuge das Reisemodell des „ewigen Sommers“, bei dem ich meine Reiseroute so plane, dass ich möglichst viele Sonnenstunden habe. Dies kann bei guter Planung durchaus realisiert werden.

Tipp:
Ein einmal festgelegter Auszeitbeginn wird keinesfalls verschoben! (Ausnahmen sind lediglich bei Todesfällen oder schweren Erkrankungen möglich.) Es gibt immer Gründe, warum Sie Ihre Auszeit gerade nicht antreten können. Ich kenne Menschen, die ihre Auszeit so oft verschoben haben, dass sie letztlich gar nicht stattfand.

30 *Für Arbeitnehmer sind Abteilungswechsel oder Arbeitgeberwechsel die besten Zeitpunkte für eine Auszeit. Selbstständige sollten sich eine geeignete Vertretung suchen oder ihre Kunden aktiv in den Prozess einbinden.*

3.2 Auszeitvereinbarung und Interimsmanagement

Bevor Sie Ihre Auszeit beantragen, werden Sie sicherlich mit allerhand interessanten Fragen zu kämpfen haben. Es könnte sein, dass Ihr Chef keine Ahnung vom Thema Sabbatical hat. Dann müssen Sie ihm ggf. helfen, beispielsweise indem Sie den Vertragsentwurf für die Auszeitvereinbarung erstellen. Dazu muss Folgendes geklärt werden:

- Zu welchen Modalitäten können Sie aussteigen?
- Wird Ihre Abwesenheit als Betriebszugehörigkeit anerkannt?
- Wie wird Ihr Wiedereinstieg geregelt?

Zeitgleich mit der Erstellung der Auszeitvereinbarung wird sich die Frage nach Ihrer Vertretung stellen. Sie könnten Ihrem Chef anbieten, sich um die Auswahl einer geeigneten Person zu kümmern. Zudem sollten Sie eine hinreichende Einarbeitungsphase für Ihre Vertretung einplanen. Schließlich sollte man überlegen, wie der Wiedereinstieg nach der Auszeit aussehen kann. Erst wenn all diese Fragen geklärt sind, können Sie guten Gewissens Ihren Auszeitvertrag unterschreiben.

Für Selbstständige

Wählen Sie rechtzeitig Ihre Vertretung bzw. Ihren Interimsmanager aus. Ich empfehle eine Einarbeitungszeit von zwei bis drei Monaten. Damit Ihr Sabbatical ein Erfolg wird, sprechen Sie am besten gar nicht mit Ihrem Interimsmanager während der Auszeit. Falls es jedoch gar nicht anders geht, vereinbaren Sie feste Zeiten, an denen Gespräche stattfinden, zum Beispiel einmal wöchentlich, immer montags. Zwischen diesen Terminen sind Sie nur im äußersten Notfall zu erreichen.

Klären Sie alle Modalitäten Ihrer Auszeit ab, insbesondere den Wiedereinstieg, bevor Sie Ihren Auszeitvertrag unterschreiben. Selbstständige sollten zwei bis drei Monate vor Beginn der Auszeit einen Interimsmanager einarbeiten. 30

3.3 Formalitäten und Finanzen

Bevor Sie in Ihr Sabbatical starten, steht noch eine Menge „Papierkram“ an. Was alles geregelt werden muss, hängt natürlich auch davon ab, was Sie während Ihrer Auszeit vorhaben. Gerade längere Reisen erfordern besonders gründliche Vorbereitungen.
Die folgenden Formalitäten sollten Sie im Blick behalten, damit rund um Ihre Auszeit keine Schwierigkeiten auftreten.

Sozialversicherung

Sofern das Sabbatical nicht in Form eines unbezahlten Urlaubs gewährt wird, liegt weiter ein versicherungspflichtiges Beschäftigungsverhältnis vor. Damit besteht weiter Versicherungsschutz im Bereich Kranken-, Renten-, Pflege-, Unfall- und Arbeitslosenversicherung, sofern folgende Voraussetzungen gegeben sind:

1. Es bedarf einer schriftlichen Vereinbarung für die Freistellung.
2. Das monatliche Entgelt muss mehr als 450 Euro betragen.
3. Die Höhe der Zahlungen darf nicht unangemessen vom Verdienst der letzten zwölf Monate abweichen. Unangemessen wären weniger als 70 Prozent des letzten Jahreseinkommens.
4. In der Auszeit muss ein Arbeitsentgelt fällig sein, das mit einer vor oder nach der Freistellungsphase erbrachten Arbeitsleistung erzielt wurde oder wird.

Anders ist die Situation, wenn Sie unbezahlten Urlaub nehmen. Dann meldet Sie Ihr Arbeitgeber bei den Sozialversicherungsträgern (nach vier Wochen) ab. Sie müssen nun selbst für Ihren Versicherungsschutz sorgen. Sie können sich freiwillig weiter versichern. Ihr Beitrag wird sich entsprechend ändern. Bitte klären Sie mit den einzelnen Sozialversicherungsträgern, wie sich Ihre Auszeit auf Ansprüche und Leistungen auswirkt.

Spartipps für Reisende:
Wenn Sie eine längere Auslandsreise planen, können Sie auf Ihren Krankenversicherungsschutz in Deutschland verzichten. Schließen Sie stattdessen eine Auslandskrankenversicherung ab. Beachten Sie dabei Folgendes:

- Die Auslandskrankenversicherung sollte auch einen Krankenrücktransport umfassen, sofern Sie dieses Risiko nicht anderweitig, beispielsweise beim ADAC, absichern.
- Bei der Auslandskrankenversicherung können Sie Geld sparen, wenn Sie regionsspezifische Abschlüsse tätigen. Asien ist günstiger als Nordamerika.
- Die Auslandskrankenversicherung berechtigt in der Regel nur zur Behandlung im Ausland, u. U. sind kurze Aufenthalte von wenigen Tagen in Deutschland eingeschlossen.

Ferner sollten Sie ggf. Ihre private deutsche Versicherung auf ein Anwartschaftsrecht umstellen. Das erspart Ihnen eine Überprüfung der Gesundheitsfragen nach Ihrer Rückkehr und Sie sichern sich

Ihren günstigeren Tarif. Dabei sollten Sie klären, wann genau die Anwartschaft wieder auflebt. Es wäre äußerst ärgerlich, wenn Sie direkt bei Ihrer Rückkehr noch keinen Versicherungsschutz besäßen und im Ernstfall Ihre Behandlungskosten selbst tragen müssten!

Leistungsfall im Ausland:
Im Leistungsfall im Ausland sollten Sie auf eine Einlieferung in ein privates Krankenhaus drängen. Dort sind die Leistungen ähnlich wie in deutschen Krankenhäusern, häufig sogar besser. Staatliche Krankenhäuser verdienen in manchen Ländern dagegen noch nicht einmal den Namen!
Die deutschen Versicherungsträger Ihrer Auslandskrankenversicherung erstatten Ihnen Ihre Behandlungskosten. Sie müssen jedoch im Ausland in Vorleistung treten. Daran schließt sich ein weiterer Tipp an: Nehmen Sie mindestens zwei Kreditkarten auf Ihre Reisen mit, denn es könnte sein, dass Sie den Verfügungsrahmen beider Karten benötigen.

Arbeitslosenversicherung

Prüfen Sie, ob Sie die Voraussetzungen zum Bezug von Arbeitslosengeld erfüllen. Es macht ggf. Sinn, noch ein paar Monate weiterzuarbeiten, um einen höheren Anspruch zu erhalten.
Sollten Sie planen, längere Zeit ins Ausland zu gehen, empfehle ich Ihnen, sich vor der Abreise arbeitslos zu melden. Dann wissen Sie genau, wie hoch Ihr Anspruch ist und wann dieser Anspruch verfällt. Am letzten Tag bevor Sie Ihren Auslandsaufenthalt antreten, melden Sie sich bei der Arbeitsagentur wieder ab. Wenn Sie schließlich nach

Ihrer Reise wieder deutschen Boden betreten, sollte Ihr erster Weg zum Arbeitsamt führen, denn nur so ist ein unmittelbarer Bezug von Leistungen gewährleistet.
Bei Freistellung oder unbezahltem Urlaub im Inland empfehle ich dringend eine vorherige Abklärung Ihres speziellen Sachverhalts durch einen Fachanwalt für Sozialrecht oder direkt mit der Arbeitsagentur.

Weitere Versicherungen für Reisende

Sollten Sie auf Reisen gehen und bisher keine private Unfallversicherung haben, empfehle ich den Abschluss einer solchen Versicherung. Denn auf Reisen sind Sie deutlich höheren Unfallrisiken ausgesetzt als im normalen Alltag. Die Wahrscheinlichkeit, dass ein Leistungsfall eintritt, ist nicht zu unterschätzen.
Auch mit dem Thema private Haftpflichtversicherung auf Reisen sollten Sie sich befassen: Klären Sie bitte, ob Ihre Versicherungsgesellschaft einen Schutz im Ausland anbietet, andernfalls können Sie diese Versicherung kündigen.
Die Wahrscheinlichkeit, auf Reisen bestohlen zu werden, ist nicht gerade gering. Bitte klären Sie Ihren Versicherungsschutz ab. Sollten Sie wertvolle Kameras etc. mit sich führen, ist es wichtig, dass sich der Versicherungsschutz auf diese Gegenstände erstreckt. In einigen Hausratversicherungen ist dieser Schutz inkludiert. Man kann für Kameras auch eine zusätzliche Versicherung abschließen. Diese tritt in der Regel subsidiär nach einer anderen Versicherung ein.

Finanzbedarf

Der Finanzrahmen bestimmt sich nach der Art der Auszeit. Verbringen Sie die Auszeit in den eigenen vier Wänden, dürfte der Finanzbedarf in etwa der gleiche sein wie bisher. Nutzen Sie die Zeit für eine Fort- oder Weiterbildung, wird er wahrscheinlich höher liegen, da ggf. Seminarkosten und Unterbringungskosten hinzukommen.

Auf Reisen hängt der Bedarf davon ab, in welche Länder Sie fahren, wo Sie übernachten, wie hoch die Transportkosten sind und welche Aktivitäten Sie unternehmen möchten. Westliche Länder sind in der Regel teurer. Hier ist ein Finanzbedarf von 50 bis 100 Euro pro Person pro Tag zu veranschlagen. Andere Länder sind teilweise wesentlich günstiger. Dort kann man schon mit 20 bis 30 Euro pro Tag gut leben. Mein persönlicher Rekord liegt bei 1400 Euro für 100 Tage in Äthiopien!

Wohnung

Wer die Auszeit nicht in der eigenen Wohnung verbringt, muss entscheiden, was mit dieser geschehen soll. Hier sind die Mieter im Vorteil! Wenn Sie Ihre Mietwohnung längere Zeit nicht nutzen, können Sie diese einfach kündigen. Sie haben die Möglichkeit, Ihre Möbel bei Freunden oder Verwandten unterzustellen oder professionell einzulagern, beispielsweise bei Shurgard.

Sollten Sie an Ihrer Wohnung hängen oder selbst der Eigentümer sein, dann können Sie diese leer stehen lassen oder untervermieten. Über entsprechende Internetportale können Sie Ihre Wohnung auch mit Personen tauschen, die in einer ähnlichen Situation sind wie Sie. Ein Wohnungstausch ist jedoch nur sinnvoll, wenn man seine Auszeit längere Zeit an einem Ort verbringt und einen adäquaten Tauschpartner findet.

Tipps für Sparfüchse!

- Vermieten Sie Ihre Wohnung während Ihrer Auszeit an eine Firma unter. Das hat den Vorteil, dass Sie nur einen Ansprechpartner haben und während der Dauer Ihrer Abwesenheit keine „lästigen" Wohnungsübergaben stattfinden.
- Gegebenenfalls lohnt es sich, die Möbel einzulagern, denn eine unmöblierte Wohnung lässt sich meist besser vermieten.
- Andernfalls gibt es Internetportale, die auf die Vermietung möblierter Wohnungen auf Zeit spezialisiert sind, z. B. www.airbnb.de oder www.wimdu.de.

Ansprechpartner in der Heimat

Wer in seiner Auszeit länger auf Reisen geht, sollte in der Heimat einen Ansprechpartner haben, der sich um alle Belange kümmern kann, z. B. Geldkarten sperren oder Geldtransfers ins Ausland tätigen. Die Vollmacht für den Ansprechpartner sollte so ausgestellt werden, dass sie über den Todesfall hinausgeht. Gehen Sie dazu vor Abreise noch einmal zum Notar. Sie ersparen Ihren Angehörigen dadurch im Ernstfall viel Ärger.

30 *Wenn Sie nicht weiterhin über Ihren Arbeitgeber versichert sind, müssen Sie selbst für ausreichenden Versicherungsschutz während Ihrer Auszeit sorgen. Insbesondere bei Auslandsaufenthalten sind viele weitere Fragen, etwa zum Versicherungsschutz und zur Wohnung, vorab zu klären.*

3.4 Probleme während der Auszeit

Im Idealfall nehmen Sie vor Ihrer Auszeit schon Kontakt zu einer Person auf, die bereits eine ähnliche Auszeit durchlaufen hat. Sollten dann während der Auszeit ungeahnte Schwierigkeiten auftreten, haben Sie einen kompetenten Ansprechpartner, der Sie gut verstehen kann.
Ich habe einmal in Äthiopien einen jungen Mann mit meinem Motorrad angefahren. Es war ein schreckliches Erlebnis für mich, denn ich dachte, der Mann würde sterben. Ich war sehr froh, dass ich mich in dieser Situation mit einem anderen Motorradfahrer austauschen konnte, dem das Gleiche ein Jahr zuvor auch passiert ist. Glücklicherweise hat der junge Mann überlebt, doch die Ungewissheit dauerte fünf Tage. In dieser Zeit war ich sehr dankbar über die Gespräche mit dem befreundeten Motorradfahrer.

Krisen überwinden

Manchmal hilft bei einer Krise in der Auszeit eine Änderung des Umfelds. Krisen wollen uns zeigen, dass wir

etwas verändern sollen! Schreibe ich beispielsweise gerade an einem Buch und habe plötzlich eine Schreibblockade, dann sollte ich einfach mal eine Woche ausspannen, um auf andere Gedanken zu kommen.
Auf Reisen hilft es im Falle einer Krise manchmal, das Land zu wechseln. Es kann sehr erfüllend sein, endlich mal wieder eine andere Sprache sprechen zu können. Häufig sind Reisende aber auch zu schnell unterwegs und wundern sich, warum sie ständig krank werden. Dann hilft die Verlangsamung des Reisetempos. Wie sagte mal ein Reisefreund zu mir: „Die Seele muss nachreisen, deswegen mache ich jetzt eine ausgiebige Pause!“

Planen Sie Ihr Sabbatical gut. Es wird Ihnen viel Zeit und Geld sparen und Sie können Ihre Auszeit mehr genießen. 30

- ***Legen Sie frühzeitig den konkreten Starttermin fest und kümmern Sie sich ggf. rechtzeitig um Ihre Vertretung.***
- ***Achten Sie auf eine sorgfältige Erstellung der Auszeitvereinbarung und klären Sie insbesondere die Modalitäten des Wiedereinstiegs.***
- ***Informieren Sie sich, welche Versicherungen Sie benötigen, und klären Sie die Finanzierung der Auszeit.***
- ***Suchen Sie sich einen Ansprechpartner, an den Sie sich bei Krisen und Problemen während der Auszeit wenden können.***

30 MINUTEN

4. Wiedereinstieg

Viele Menschen erfahren erst nach der Auszeit, welchen Wert diese wirklich für sie hatte. Das Ende der Auszeit ist die Zeit des Neubeginns und zugleich die Zeit, um ein Resümee zu ziehen. Plötzlich stellt man fest, welche wundervollen Erfahrungen man während der freien Zeit gemacht hat. Immer wieder kommen schöne Erinnerungen hoch.
Diese Erinnerungen können Sie gezielt nutzen, wenn Sie einmal in einer schlechten Phase Ihres Lebens sind. Visualisieren Sie dann bestimmte angenehme Situationen aus Ihrem Sabbatical. Zudem können Sie aus Erfahrungen aus Ihrem Sabbatical nützliche Analogien zu beruflichen und privaten Situationen ziehen.

4.1 Abbruch der Auszeit

Generell sollte man es vermeiden, eine einmal festgelegte Auszeit vorzeitig abzubrechen. Für viele Menschen ist es die einzige Auszeit in ihrem Leben und diese sollten sie ungestört verbringen. Etwaige Vorstellungsgespräche können warten! Denn sie würden den „Sabbatical-Effekt" erheblich mindern.

Ist man erst einmal aus dem „Auszeit-Modus" herausgerissen worden, ist es schwer, wieder einzusteigen. Einige meiner Kunden berichten darüber, dass ihnen der erneute Start, wenn sie während einer Reise zwischendurch nach Hause zurückkehren, besonders schwerfällt. Nun gibt es aber leider Fälle, in denen man wegen einer Erkrankung ein Sabbatical vorzeitig abbrechen muss, so wie in folgendem Praxisbeispiel:

Ein Kunde von mir wollte während seines einjährigen Sabbaticals von Deutschland bis nach Australien reisen. Nach drei Monaten musste er in Tadschikistan die Reise krankheitsbedingt abbrechen. Als er nach Deutschland zurückkehrte, berichtete er davon, in ein „Loch zu fallen". Denn nun war er auf einmal zu Hause in Deutschland und ohne Arbeit. Gerade für Menschen, die ihren Lebenssinn in der Arbeit sehen, ist das eine schwierige Situation. Dieser Kunde musste sogar ärztliche Hilfe in Anspruch nehmen.

Vorteile eines Wiedereinstiegsplans

Daher rate ich jedem, vor Beginn eines Sabbaticals einen Wiedereinstiegsplan (ähnlich einem Businessplan) aufzustellen. Dieser sollte dann auch ein Szenario enthalten, das beschreibt, wie man vorgehen wird, wenn man die Auszeit ungewollt vorzeitig unterbrechen oder abbrechen muss. Wie das aussehen könnte, lässt sich am eben beschriebenen Beispiel verdeutlichen:

Der Gesundheitszustand des Kunden hätte es zugelassen, seine gesammelten Erlebnisse in einem Buch oder Video zusammenzufassen. Dann hätte er die Reise auch noch mal sehr bewusst erleben können. Zudem wäre wahrscheinlich die Lust geblieben, nach der Genesung weiterzureisen, wenn schon nicht bis Australien, so doch wenigstens bis Peking.

Ein Wiedereinstiegsplan ist auch ein psychologischer Trick für die Menschen, die noch zweifeln. Er gibt Sicherheit, um überhaupt erst einmal die Entscheidung für eine Auszeit zu treffen. Denn wenn man sich schon konkret vorstellt, was man nach der Auszeit machen wird, hat man ein besseres Gefühl und kann seine Ängste überwinden.

Wenn möglich sollten Sie Ihre Auszeit nicht unterbrechen. Dennoch können beispielsweise Erkrankungen zu einem vorzeitigen Ende führen. Erstellen Sie deshalb vorab einen Wiedereinstiegsplan, der dieses Szenario berücksichtigt. **30**

4.2 Die letzten Wochen der Auszeit

Feiern Sie kein Bergfest bei Ihrer Auszeit! Wenn Sie Ihr Sabbatical in vollen Zügen genießen wollen, dann sollten Sie so spät wie möglich anfangen, über eine Rückkehr nachzudenken. Würden Sie ein Bergfest feiern, dann wäre Ihnen unweigerlich bewusst, dass Ihre Auszeit schon zur Hälfte vorbei ist und dass die übrige Zeit immer kürzer wird. Bei einigen führt das dazu, dass sie regelrecht in Panik verfallen und in den letzten Wochen und Monaten noch möglichst viel sehen oder erledigen wollen – und schon sind sie wieder im Alltagsmodus! War es nicht gerade das, was sie nicht wollten ...?

Wenn Sie vorher genügend Zeit einplanen, um Ihr Ziel zu erreichen, kommt diese Art der Torschlusspanik bei Ihnen gar nicht auf.

Bei meiner ersten großen Auszeit wollte ich in einem Jahr von Deutschland bis nach Kapstadt in Südafrika reisen. Reine Fahrzeit: sechs Wochen! Aber mir ging es nicht darum, das Ziel möglichst schnell zu erreichen, sondern auf dem Weg viele unterschiedliche Eindrücke zu sammeln und mich auf die Menschen einzulassen, also offen zu sein für spontane Dinge. Denn Spontanität geht uns in unserem Berufsalltag häufig verloren.

Schließlich kam ich sogar zwei Monate früher als geplant am Ziel an. Dadurch hatte ich noch Zeit, eine kleine Zusatzrunde durch Südafrika zu drehen.

Was hilft gegen Reisemüdigkeit?

Bei einigen Menschen, die auf eine längere Reise gehen, wird sich nach einigen Monaten das Gefühl einstellen, dass es nun genug sei. Das Meer, die Berge und die Wasserfälle faszinieren sie nicht mehr so sehr wie am Anfang ihrer Reise. Sie wollen nach Hause.

Sollten Sie in diese Situation kommen, dann gilt: Halten Sie jetzt durch! Sie werden noch früh genug wieder zu Hause sein. Aber Ihre Auszeit gibt Ihnen keiner zurück!

Es gibt zwei Dinge, die man gegen das Gefühl der Reisemüdigkeit tun kann:

1. Bleiben Sie länger an einem Ort. Lassen Sie sich auf die Menschen und die Kultur ein. Leben Sie mit den Menschen. Gewinnen Sie einen Einblick in ihren Alltag. Vielleicht schließen Sie neue Freundschaften. Das können Sie in der Regel nicht, wenn Sie von einem Ort zum anderen eilen.
2. Füllen Sie Ihre Auszeit mit einem Sinn. Bei meiner ersten großen Auszeit verspürte ich gegen Ende auch eine gewisse Leere. Jeden Abend Party wird auch irgendwann langweilig. Ich gab mir damals selbst das Versprechen, bei meiner nächsten Reise etwas mit Sinn zu tun. So entstand die Idee, das Reisen mit sozialem Engagement zu verbinden.

Die letzten vier Wochen

Die letzten vier Wochen vor dem Ende des Sabbaticals sollten Sie nutzen, um sich gedanklich auf die Rückkehr in Ihren normalen Alltag vorzubereiten. Wie genau sieht diese Rückkehr bei Ihnen aus? Was möchten Sie machen? Was lieber nicht? Listen Sie ruhig auf, was Ihnen zu diesen Fragen einfällt.

Tipp!
Wenn Sie auf Reisen waren, dann kommen Sie nicht am Freitag zurück und beginnen schon am Montag wieder mit Ihrer Arbeit. Es wird Ihnen sehr schwerfallen, wieder in Ihren Rhythmus zu kommen. Geben Sie sich selbst die Chance, sich zu akklimatisieren. Meiner Ansicht nach ist auch eine Woche dafür eher zu wenig Zeit.

30 *Sie sollten genug Zeit für Ihre Vorhaben einplanen, um während Ihrer Auszeit gar nicht erst an deren Ende denken zu müssen. Erst in den letzten vier Wochen stellen Sie sich gedanklich auf die Rückkehr in Ihren normalen Alltag ein.*

4.3 Rückkehr ins gewohnte Umfeld

Sie kommen mit viel Energie, neuen Ideen und viel Kreativität aus dem Sabbatical zurück – am liebsten möchten Sie Bäume ausreißen! Bei Ihrem alten Arbeitgeber stellen Sie jedoch nur einige kleinere Veränderungen fest, häufig ist vieles gleich geblieben.
Ich weiß noch, wie schwer es mir fiel, als ich nach acht Stunden täglichen Motorradfahrens auf einmal wieder acht Stunden am Schreibtisch saß! Aber die Gewohn-

heiten holen uns viel schneller ein, als es uns lieb ist. Sie gewöhnen sich wieder an den Alltagsrhythmus. Hierzu eine kleine Anekdote:

Ich kehrte von meiner einjährigen Afrikareise zurück und saß brav wieder am Schreibtisch, da fragte mich am dritten Arbeitstag meine Kollegin, wie denn meine Urlaubsplanung für das neue Jahr aussehen würde. Ich musste innerlich schmunzeln. Damit sie Ruhe gab und da mir nichts Besseres einfiel, antwortete ich brav: „Im Mai fahre ich nach Thailand und besuche einen Freund."

Nach einem Sabbatical kommen einem häufig die Probleme der anderen banal vor. Durch eine Auszeit bekommt man einen ganz anderen Blick auf die Welt. Ich habe die neue Sichtweise als bereichernd empfunden. Einfacher fällt die Rückkehr sicherlich, wenn man nach einem Sabbatical eine neue Aufgabe übernimmt. Man geht dann ohne Vorurteile und mit viel Motivation die neue Aufgabe an.

Tipp!
Dieser Ratschlag mag auf den ersten Blick seltsam erscheinen: Sollten Sie schon vor Antritt des Sabbaticals das Gefühl haben, dass Sie eigentlich nicht mehr zu Ihrem Arbeitgeber zurückkehren wollen, machen Sie sich gar nicht die Mühe, ein Sabbatical auszuhandeln, sondern kündigen Sie. Sie geben dann zwar eine gewisse Sicherheit auf, sind aber dafür gedanklich frei und offen für neue Dinge. Sie können so die Auszeit nutzen, um Ihrer Kreativität freien Lauf zu lassen und sich über neue Wege Gedanken zu machen.

30 *Gehen Sie Ihren Wiedereinstieg gelassen an. Die alten Gewohnheiten kehren wahrscheinlich schneller wieder zurück, als es Ihnen lieb ist.*

4.4 Persönliche Bilanz

Sollten Sie nicht schon während des Sabbaticals damit begonnen haben, Ihre Erfahrungen auszuwerten, dann fangen Sie spätestens unmittelbar nach dem Ende der Auszeit damit an.

Um einfacher und wirkungsvoller eine solche Bilanz ziehen zu können, empfehle ich Ihnen, sich während Ihrer Auszeit nach Möglichkeit täglich oder mindestens wöchentlich Notizen zu machen. Legen Sie dabei den Fokus auf Ihr Verhalten, also darauf, wie sich Ihr Verhalten durch das Sabbatical verändert. Wie könnten sich Ihre Verhaltensänderungen in der Zeit nach dem Sabbatical positiv auswirken? Welche Impulse können Sie auch in Ihre Arbeit einbringen und wie können Sie diese am besten gezielt umsetzen? Wenn Sie diese Fragestellung im Kopf behalten, kann ein Sabbatical sehr wertvoll für Sie werden.

Nachdem Sie eine Auswertung durchgeführt haben, können Sie die Ergebnisse auch bei den ersten Gesprächen mit Ihrem alten Arbeitgeber einbringen. Er könnte Sie fragen, was Ihnen die Auszeit gebracht hat. Wenn Sie darauf gute Antworten parat haben, ebnen Sie auch anderen Kollegen den Weg für ein Sabbatical.

Zudem sollten Sie sich feste Zeitpunkte vornehmen, an denen Sie noch einmal über Ihr Sabbatical reflektieren, z. B. ein Monat, drei Monate, sechs Monate, ein Jahr und fünf Jahre danach. Tragen Sie diese Termine am besten gleich in Ihren Kalender ein. Auch an diesen Terminen ist es wieder sinnvoll, sich die Überlegungen aufzuschreiben, um nachvollziehen zu können, wie sich die Denk- und Verhaltensweisen im Laufe der Zeit entwickeln.
Wenn Sie immer wieder über Ihre Auszeit reflektieren, ist das wie ein Gesundbrunnen. In der Regel werden die positiven Erinnerungen überwiegen. Diese kleinen Auszeiten nach der Auszeit werden Ihnen Energie und Freude geben – und vielleicht beginnen Sie schon bald, Ihre nächste Auszeit zu planen!

Irgendwann neigt sich die Auszeit ihrem Ende zu und die Rückkehr in den Alltag steht bevor. Für diese Phase sollten Sie folgende Hinweise beachten: 30

- ***Erstellen Sie einen Wiedereinstiegsplan, der auch einen Plan B für den Fall eines vorzeitigen Abbruchs der Auszeit vorsieht.***
- ***Versuchen Sie, sich erst vier Wochen vor Ende der Auszeit Gedanken über die Rückkehr zu machen.***
- ***Bleiben Sie bei der Rückkehr gelassen, denn alte Gewohnheiten kehren schnell zurück.***
- ***Eine persönliche Bilanz zu ziehen, hilft Ihnen, Ihre Auszeit optimal für sich zu nutzen.***

Zehn Erfolgsregeln für Ihre Auszeit

1. Ergründen Sie Ihre Motive!
Werden Sie sich über die Motive Ihrer Auszeit klar. Rechtfertigen Sie sich innerlich vor sich selbst.

2. Entscheiden Sie, wie Sie Ihre Auszeit gestalten wollen!
Machen Sie sich Gedanken über die Art Ihrer Auszeit – wollen Sie sie lieber allein oder in Gesellschaft verbringen, wollen Sie reisen, sich weiterbilden, mehr Zeit mit Ihrer Familie verbringen, ein Buch schreiben, ein Haus bauen ...?

3. Legen Sie den Startzeitpunkt und die Dauer fest!
Legen Sie Ihren genauen Startzeitpunkt fest, sonst besteht die Gefahr, dass Sie Ihr Vorhaben ständig verschieben. Zudem sollten Sie sich über die Dauer des Sabbaticals Klarheit verschaffen. Was ist realistisch? Was können Sie im Unternehmen durchsetzen? Wie viel Auszeit können Sie sich leisten?

4. Wägen Sie Chancen und Risiken ab!
Schreiben Sie Ihre eigene Gegenüberstellung von Chancen und Risiken einer Auszeit auf ein Blatt Papier. Gewichten Sie die einzelnen Punkte. Danach wägen Sie sie gegeneinander ab.

5. Minimieren Sie die Risiken!

Überlegen Sie, wie Sie Risiken ausschalten oder minimieren können. Dadurch wird auch die Angst schwinden. Sie werden selbst erkennen, dass viele Risiken abgefedert werden können. Zusammen mit der Gegenüberstellung von Chancen und Risiken soll Ihnen das dabei helfen, eine Entscheidung zu treffen.

6. Planen Sie Ihre Auszeit gut!

Kümmern Sie sich um eine schriftlich fixierte Auszeitvereinbarung und denken Sie auch an Ihre Sozialversicherung, insbesondere an die Krankenversicherung. Vor einer Reise steht noch mehr an: Informieren Sie sich über Pass, Visa, Transport und die Sicherheitslage im Reiseland.

7. Lassen Sie auch Raum für Phasen der Ruhe!

Verplanen Sie nicht die gesamte Zeit Ihres Sabbaticals, sondern lassen Sie auch Phasen der Muße und Ruhe zu. Das fördert die Inspiration und Kreativität.

8. Haben Sie einen Plan B parat, falls Sie die Auszeit vorzeitig abbrechen müssen!

Machen Sie sich vor dem Start in die Auszeit Gedanken darüber, wie Sie handeln werden, wenn Sie Ihr Sabbatical vorzeitig abbrechen müssen. Es besteht sonst die Gefahr, dass Sie in ein Loch fallen.

9. Entwerfen Sie ein Wiedereinstiegsszenario!
Wie sieht Ihr privater und beruflicher Wiedereinstieg aus? Wenn Sie mit einem realistischen Wiedereinstiegsszenario in Ihre Auszeit starten, fühlen Sie sich während der Auszeit sicherer. Falls Sie verreisen, planen Sie etwas Zeit ein zwischen Ihrer Rückkehr in die Heimat und Ihrem Arbeitsantritt. Ihre Seele muss auch ankommen!

10. Ziehen Sie am Ende ein Resümee!
Führen Sie schon während der Auszeit Tagebuch oder machen Sie sich Notizen. Lassen Sie am Ende Ihre Auszeit Revue passieren und ziehen daraus Erkenntnisse, die Sie für Ihr Alltagsleben nutzen können. So kann Ihnen eine Auszeit viele neue Erkenntnisse schenken.

Sabbaticalprogramme – Vorteile für Unternehmen

1. Werbefaktor in der Öffentlichkeit:
Ähnlich wie Firmen mit Trainee-Programmen und einem dualen Studium werben, wird man in Zukunft mit Sabbaticalprogrammen werben, um damit interessante neue Mitarbeiter für das Unternehmen zu gewinnen. Es reicht nicht mehr aus, nur gute Gehalts- und Karriereperspektiven zu versprechen. Gerade die Generation Y setzt auf andere Werte. Ein wichtiger Bestandteil ist das Thema Work-Life-Balance. Für immer mehr junge Menschen ist das Thema Freizeit sehr wichtig. Dies zeigen auch die steigenden Zahlen von Sabbaticalprogrammen in Deutschland.

2. Verbindung von Sabbaticalprogramm und Corporate-Social-Responsibility-Programm:
Ein Unternehmen, das ein Sabbaticalprogramm mit einem Corporate-Social-Responsibility-Programm verbindet, stellt sich in zweierlei Hinsicht gut dar: Zum einen steigert es die Mitarbeiterzufriedenheit und -loyalität; zum anderen wird die soziale Verantwortung des Unternehmens für die Gesellschaft manifestiert, was die Kunden zu schätzen wissen.

3. Senkung der Krankheitskosten:
Durch ein betreutes Sabbaticalprogramm wird recht-

zeitig eventuellen Krankheitssymptomen von Mitarbeitern vorgebeugt.
Im Rahmen einer Gesundheitsvorsorge kommt es gar nicht erst zu den ungewollten Nebeneffekten wie Fehlzeiten durch Krankheit und Rehabilitation; es werden auch teure Wiedereingliederungsmaßnahmen (hier besteht ein Rechtsanspruch) vermieden.

4. Sabbaticalprogramm als Incentive-Programm:
Anstelle der „üblichen" Incentive-Programme werden für gute Leistungen sogenannte „Mini-Sabbaticals" ausgelobt. Davon profitieren sowohl Mitarbeiter als auch Unternehmen: Die Mitarbeiter bekommen eine Auszeit „geschenkt", das Unternehmen hat ein weiteres Instrument zur Incentivierung und zur eigenen Außenwerbung.

5. Mitarbeiterbindung und Mitarbeiterzufriedenheit:
Wird dem Mitarbeiter die Möglichkeit eingeräumt, während seiner Arbeitsphasen auch Auszeitprogramme zu nutzen, hat er weniger Gründe, das Unternehmen zu verlassen. Mithin steigt auch seine Zufriedenheit am Arbeitsplatz an.

6. Sabbatical im Rahmen eines Outplacement-Prozesses:
Mitarbeitern wird im Rahmen eines Outplacement-Verfahrens ein Sabbatical angeboten. Zeitgleich küm-

mert sich eine Firma um die Suche nach einer neuen Arbeitsstelle für den Mitarbeiter.

7. Auszeit im Rahmen eines vorübergehenden Personalabbaus:
Temporäre Auftragsrückgänge des Unternehmens können durch den gezielten Einsatz von Auszeitprogrammen überbrückt werden. Damit ersparen sie sich im Anschluss an die konjunkturelle Abschwächung Kosten für Personalberatungsfirmen und die Schulung neuer Mitarbeiter. Sie halten so das Know-how im Unternehmen.

8. Berücksichtigung von Sabbaticals bei einer Unternehmenszertifizierung:
Es gibt immer mehr Zertifizierungsstellen, die im Rahmen neuer Zertifizierungsverfahren (z. B. „Ausgezeichneter Arbeitgeber“ des TÜV Rheinland) auch das Thema Sabbatical berücksichtigen. Das Sabbatical dient der Personalentwicklung, dem Gesundheitsmanagement und der Elternfreundlichkeit.

Fast Reader

1. Wofür eine Auszeit?

Generell lassen sich Menschen, die sich eine Auszeit wünschen, vier verschiedenen Motivgruppen zuordnen: Es gibt die „Gelangweilten", die nach Abwechslung und einem Abenteuer suchen, aber auch die „Gestressten", die Ruhe brauchen. Andere wollen sich sozial engagieren, und wieder andere betrachten ihre Auszeit als Sinnsuche.
Ein Sabbatical kann aber auch im Rahmen der Gesundheitsvorsorge in Erwägung gezogen werden, denn bei ersten Anzeichen für ein Burn-out kann eine Auszeit Schlimmeres verhindern.
Es gibt viele verschiedene Varianten von Auszeiten. Neben Eltern- oder Pflegezeiten zählen dazu auch Sabbaticals, bei denen man persönliche Projekte verwirklicht, sich beispielsweise weiterbildet oder ein Buch schreibt. Eine sehr beliebte Form, die Auszeit zu verbringen, ist das Reisen.

30

Wenn Sie sich für eine Auszeit entscheiden, müssen Sie sich mit vielen kritischen Stimmen auseinandersetzen – nicht zuletzt auch mit Ihren inneren Stimmen! Verschaffen Sie sich daher Klarheit über Ihr Vorhaben.

- ***Fragen Sie sich, was Ihre persönlichen Motive für die Auszeit sind.***
- ***Überlegen Sie sich, welche Variante der Auszeit für Sie infrage kommt.***
- ***Machen Sie sich klar, dass eine Auszeit auch aus gesundheitlichen Gründen geboten sein kann.***
- ***Treffen Sie eine klare Entscheidung, zu der Sie stehen können.***

2. Chancen und Risiken

Wer alleinstehend ist, wird seine Auszeit wahrscheinlich auch allein verbringen. Paare können möglicherweise gemeinsam in eine Auszeit starten. Wer mit der ganzen Familie auf Reisen gehen möchte, muss die Schulpflicht der Kinder beachten. Bevor es losgeht, steht das Gespräch mit dem Chef an. Wenn Sie nicht kündigen, sondern nach der Auszeit wieder einsteigen wollen, müssen Sie einen entsprechenden Antrag stellen. Gibt es in Ihrem Unternehmen ein Sabbaticalprogramm, haben Sie es leichter. Andernfalls müssen Sie Ihren

Chef von den Vorteilen einer Auszeit überzeugen. Wenn Sie schließlich eine entsprechende Vereinbarung getroffen haben, ist diese verbindlich. Ein vorzeitiger Wiedereinstieg in den Job ist nur mit Einverständnis des Arbeitgebers möglich.

Ein Sabbatical ist mit Chancen und Risiken verbunden. Seien Sie darauf vorbereitet.

- ***Lassen Sie sich nicht von den Befürchtungen Ihres Umfelds verunsichern.***
- ***Beziehen Sie Ihren Chef aktiv in die Entscheidung mit ein und seien Sie kompromissbereit.***
- ***Wägen Sie ab, ob Ihnen die Auszeit im Ernstfall die Kündigung wert ist.***
- ***Betrachten Sie Ihre Auszeit als eine Entwicklungschance, von der langfristig auch Ihre Karriere profitieren kann.***

3. Umsetzung

Generell sind Abteilungswechsel oder Arbeitgeberwechsel gute Gelegenheiten, um sich eine Auszeit zu nehmen. Die Dauer der Auszeit hängt von den eigenen finanziellen Möglichkeiten, aber auch von Rahmenbedingungen ab, etwa vom Sabbaticalprogramm des Unternehmens oder bei Selbstständigen von der Vertretungssituation und der Kundentreue.

Angestellte sollten Wert darauf legen, dass alle Modalitäten, insbesondere die des Wiedereinstiegs, geklärt sind, bevor sie ihre Auszeitvereinbarung unterschreiben. Für Selbstständige ist es wichtig, sich rechtzeitig um eine geeignete Vertretung oder ein Interimsmanagement zu kümmern. Auch Sozialversicherungsangelegenheiten während der Auszeit sollten rechtzeitig geklärt werden, ebenso wie die Finanzierung dieser Zeitspanne. Planen und informieren Sie sich gut, denn hier passieren häufig teure Fehler.

Gute Planung ist der Schlüssel zu einer gelungenen Auszeit. 30

- ***Fixieren Sie einen konkreten Starttermin, der nicht verschoben werden sollte.***
- ***Wenn Sie selbstständig sind, binden Sie Ihre Kunden vor der Auszeit aktiv mit ein und „steuern" Sie die Auftragsvergabe.***
- ***Wenn Sie auf Reisen gehen, stehen noch weitere Vorbereitungen an: Informieren Sie sich z. B. über Versicherungen und vermieten Sie ggf. Ihre Wohnung.***
- ***Suchen Sie sich einen Ansprechpartner mit „Auszeit-Erfahrung", an den Sie sich bei Problemen wenden können.***
- ***Betrachten Sie Krisen während der Auszeit als Indiz dafür, dass Sie an der Gestaltung Ihrer Auszeit etwas ändern müssen.***

4. Wiedereinstieg

Denken Sie nicht zu früh an das Ende der Auszeit. Damit Sie nicht unter Zeitdruck geraten, sollten Sie von Anfang an ausreichend Zeit für Ihre Vorhaben einplanen. Erst in den letzten vier Wochen ist es an der Zeit, sich Gedanken über die Rückkehr in den normalen Alltag zu machen.
Die Rückkehr an den Arbeitsplatz mag sich zunächst seltsam anfühlen. Während der Auszeit hat man viele neue Erfahrungen gesammelt und sich weiterentwickelt, während im Büro häufig alles beim Alten ist. In der Regel kehren die alten Gewohnheiten aber schneller zurück, als es einem lieb ist!
Von einer gelungenen Auszeit können Sie noch lange Zeit danach profitieren. Reflektieren Sie Ihre Erfahrungen und Erkenntnisse und überlegen Sie, wie Sie diese beruflich und privat nutzen können. Die schönen Erinnerungen werden Ihnen zudem immer wieder kleine Auszeiten nach der Auszeit bescheren.

30 ***Beachten Sie Folgendes, damit auch der Abschluss Ihrer Auszeit ein Erfolg wird:***

- ***Erstellen Sie schon vorab einen Wiedereinstiegsplan, der auch ein Szenario enthält für den Fall, dass Sie die Auszeit vorzeitig abbrechen müssen.***

- ***Feiern Sie kein Bergfest! Das führt nur zu Hektik und verfrühten Gedanken an das Ende der Auszeit.***
- ***Wenn Sie verreisen, planen Sie auch Zeit ein, um sich in der Heimat wieder zu akklimatisieren, bevor Sie wieder arbeiten gehen.***
- ***Machen Sie sich bereits während der Auszeit Notizen, damit Sie anschließend Bilanz ziehen und über Ihre Erfahrungen reflektieren können.***

Der Autor

Joachim von Loeben, Jurist, Banker und Vertriebsexperte, wuchs mit den klassischen Werten auf: Karriere machen, Familie gründen, der Leistungsgesellschaft dienen. Er erfüllte diese und ignorierte zunächst den leisen Ruf, der ihn in die weite Welt, in die Freiheit lockte. Bis er sich im Jahr 2004 dazu entschloss, aus dem vorgezeichneten Leben auszubrechen und sich mit dem Motorrad auf eine Afrikareise zu begeben.
Seither hat Joachim von Loeben über Jahre hinweg die Kontinente bereist und ist zu Hause immer wieder in seinen Job eingestiegen. Jenseits von absichtslosem Tourismus haben sich dabei Perspektiven erschlossen, die er in seinen Vorträgen und Sabbatical-Beratungen weitergibt. Als Strategieberater berät er Unternehmen und coacht Menschen in allen Fragen rund um das Thema „Auszeit". Zudem gründete er die „Stiftung für Helfer" (www.stiftung-fuer-helfer.de).

Kontakt:
Joachim von Loeben
Freiherr-vom-Stein-Straße 3
50733 Köln
info@joachim-vonloeben.de
www.joachim-vonloeben.de

Hilfreiche Adressen

Allgemeine Reiseerfahrungen:
www.fernwehforum.de
www.weltreisejournal.de

Forum für Motorradfahrer:
www.horizonsunlimited.com

Für Rentenfragen:
Deutsche Rentenversicherung:
www.deutsche-rentenversicherung.de
Kostenlose Service-Hotline: 0800-1000-4800
(Oder bei den jeweiligen berufsständischen Einrichtungen nachfragen)

Auslandskrankenversicherung/KFZ:
ADAC
www.adac.de
0800-5101112

Vergleich von Auslandsreiseversicherungen:
www.reiseversicherung.com
0800-678 3333
www.reiseversicherung-vergleich.info
05139-958120

Gesundheit auf Reisen:
www.fit-for-travel.de

www.rki.de (Für reisemedizinische Hinweise des Robert-Koch-Instituts)

Ausrüstung für die Reise:
www.globetrotter.de
www.daerr.de
www.mctrek.de

Reisen mit Hilfsprojekten verbinden
Fremde Länder faszinieren Sie? Menschen in Not möchten Sie vor Ort helfen? Bei der Stiftung für Helfer sind Sie damit an der richtigen Adresse.
Ob Sie sich in ein bestehendes Hilfsprojekt einbringen und dafür ein Sabbatical nutzen möchten oder ob Sie für ein eigenes Vorhaben Menschen mit Tatkraft oder auch finanzielle Zuschüsse suchen, die Stiftung für Helfer bringt Projekte im Ausland und ihre Unterstützer zusammen:
www.stiftung-fuer-helfer.de

Weiterführende Literatur

- Diesbrock, Tom: Ihr Pferd ist tot! Steigen Sie ab! Frankfurt/Main, Campus, 2011.
- Hartmann-Wolff, Elke; Reinhard, Jennifer: Sehnsucht nach dem Ausstieg. Focus, 41/14, S. 116ff.
- Hay, Louise: Gesundheit für Körper und Seele. 2. Aufl., Berlin, Ullstein, 2013.
- Hess, Sabine: Sabbaticals. 2. Aufl., Frankfurt/Main, Frankfurter Allgemeine Buch im FAZ Institut, 2009.
- Hofmann, Beate und Olaf: Lockruf des Lebens. Ostfildern, Patmos, 2013.
- Reh, Alexander: Chef, wir müssen reden. Leipzig, Engelsdorfer Verlag, 2013.
- Schaaf, Kerstin: Sabbaticals – Auszeit vom Job. Hamburg, Diplomica, 2013.
- Schmeling, Inka: Abenteuer Elternzeit. 5. Aufl., Weinheim, Beltz, 2013.
- Schulz, Leon: Sabbatical auf See. 3. Aufl., Bielefeld, Delius Klasing, 2013.

- Seiwert, Lothar: Work-Life-Balance. 18. Aufl., Offenbach, GABAL, 2014.
- Symington, Roy; Jackman, Dom; Howe, Mickey: Das Escape-Manifest, 2. Aufl., Offenbach, GABAL, 2014.
- Tügel, Hanne: Nehmt Euch Zeit. Mut zur Muße! Geo 08/2014, S. 102ff.
- Verbeet, Markus; Leffers, Jochen: JOB – Einsteigen, Aufsteigen, Aussteigen. Hamburg, Der Spiegel, 2014.
- von Loeben, Joachim: Eine Frage pro Tag. Köln, von Loeben, 2014.
- von Loeben, Joachim: Weltreise und was passiert danach? Köln, von Loeben, 2014.
- Ware, Bronnie: 5 Dinge, die Sterbende am meisten bereuen. München, Arkana, 2013.
- Winnemuth, Meike: Das große Los. München, Knaus, 2013.

Register